David E. McAdams

Patrons géométriques - Livre de projets

par David E. McAdams
http://www.demcadams.com

Une introduction pratique à géométrie tridimensionnelle en utilisant des patrons géométriques avec des instructions.

Copyright © 2015 by Life Is A Story Problem LLC, Colorado Springs, Colorado. All rights reserved. Aucune partie de cette publication ne peut être reproduite, stockée dans un système d'extraction ou transmise sous quelque forme ou par quelque moyen sans l'autorisation écrite expresse du détenteur des droits d'auteur, à l'exception de brèves citations dans des articles critiques ou commentaires.

L'autorisation limitée à copier pour un usage éducatif. L'autorisation est accordée pour chaque page de ce livre à copier pour un usage éducatif accessoire, non-commercial, selon la règle d'un livre: Un livre doit être achetée pour chaque enseignant dont les élèves utiliseront la matière. Pour la maison-scolaire, un livre doit être acheté par parent enseigner à un groupe d'enfants.

Crédits images

Tous les patrons géométriques sont par David E. McAdams.

Toutes les illustrations sont de David E. McAdams, sauf indication contraire ici.

- Cône - LucasVB. Placé dans le domaine public par l'artiste.
- Cuboctaèdre - Svdmolen. Placé dans le domaine public par l'artiste.
- Dodécaèdre adouci - Tom Ruen. Placé dans le domaine public par l'artiste.
- Cuboctaèdre tronqué - Svmolen. Placé dans le domaine public par l'artiste.
- Dodécaèdre tronqué - Harkonnen2. Placé dans le domaine public par l'artiste.
- Icosaèdre tronqué - Svmolen. Placé dans le domaine public par l'artiste.
- Octaèdre tronqué - InductiveLoad. Placé dans le domaine public par l'artiste.

Table des matières

Commencer 1
Bi-allongée antiprisme triangulaire 3
Cône 5
Cube 7
Cuboctaèdre 9
Cylindre 11
Antiprisme décagonal 13
Prisme décagonal 15
Icositétraèdre trapézoïdal 17
Dé 19
Hexakioctaèdre 21
Dodécaèdre régulier 23
Coupole décagonale allongée 25
Diamant pentagonal allongé 27
Pyramide pentagonale allongée 29
Diamant carré allongé 31
Pyramide carrée allongée 33
Antiprisme triangulaire allongée 35
Coupole triangulaire allongée 37
Diamant triangulaire allongé 39
Pyramide triangulaire allongée 41
Tronc d'une pyramide décagonale 43
Tronc d'une pyramide quadrilatère 45
Tronc d'une pyramide triangulaire 47
Grand dodécaèdre 49
Grand dodécaèdre étoilé 51
Pyramide pentagonale gyroallongée 55
Diamant carré gyroallongé 57
Prisme carré gyroallongé 59
Pyramide carrée gyroallongée 61
Pyramide heptagonal 63
Heptaèdre 4,4,4,3,3,3,3 65
Heptaèdre 5,5,5,4,4,4,3 67
Heptaèdre 6,6,4,4,4,3,3 69
Prisme hexagonal 71
Pyramide hexagonal 73
Hexaèdre 4,4,4,4,3,3 75
Hexaèdre 5,4,4,3,3,3 77
Hexaèdre 5,5,4,4,3,3 79
Icosaèdre régulier 81
Icosidodécaèdre 83
Pyramide carrée oblique 85
Antiprisme octogonal 87
Octaèdre régulier 89
Antiprisme pentagonal 91
Coupole décagonale 93
Diamant pentagonal 95
Prisme pentagonal 97

- Pyramide pentagonale...99
- Rotonde décagonale..101
- Prisme pentagrammique...103
- Pyramide rectangulaire..105
- Prisme losange...107
- Petit rhombicuboctaèdre..109
- Petit rhombidodécaèdre...111
- Petit dodécaèdre étoilé..115
- Cube adouci...119
- Dodécaèdre adouci..123
- Antiprisme carré..127
- Coupole octogonale...129
- Pyramide à base carrée..131
- Antidiamant à base carrée...133
- Octangle étoilé...135
- Tétraèdre régulier..137
- Tétrakihexaèdre...139
- Triakioctaèdre..141
- Triakitétraèdre...143
- Coupole hexagonale..145
- Diamant triangulaire..147
- Pentaèdre triangulaire..149
- Prisme triangulaire..151
- Pyramide triangulaire oblique...153
- Cube tronqué...155
- Cuboctaèdre tronqué..157
- Dodécaèdre tronqué...159
- Icosaèdre tronqué..163
- Icosidodécaèdre tronqué..169
- Octaèdre tronqué...175
- Tétraèdre tronqué..177
- Pyramide pentagrammique droite..179
- Trapézoèdre carré tronqué...181

Commencer

Qu'est-ce que tous les mots dans les noms signifient?

Un patron géométrique est un dessin à plat qui peut être plié en une figure à trois dimensions. Par exemple, six carrés identiques peuvent être faites dans un cube. En effet, un cube a six côtés, qui sont tous des carrés identiques. Chacun des dessins de ce livre peut être plié dans un objet en trois dimensions géométrique.

La plupart des patrons géométriques se replient en solides avec côtés plats. Ily'a quelques exceptions. Un cylindre peut être fabriqué à partir d'un rectangle et deux cercles. Un cône peut être réalisé à partir d'un cercle et un triangle avec un fond incurvé.

Qu'est-ce que tous les mots dans les noms signifient?

La plupart des mots utilisés dans les noms des trois formes solides tridimensionnels ont été faites par les Grecs il y a plus de deux mille ans. Mathématiciens grecs réunis mots pour faire des noms pour les formes. Certains de ces mots signifie numéros. Par exemple, «Tétra» est utilisé pour signifier «quatre». Certains des mots utilisés sont:

antiprisme un solide avec des polygones pour les bases et en alternance, des triangles identiques pour les côtés.

coupole présentant un dôme.

deca dix.

décagone un polygone plat avec dix côtés.

deltoid un objet en forme de cerf-volant avec quatre côtés.

deltoidal étant réalisé en forme de cerf-volant des objets pour les visages.

dipyramid un solide qui peut être faite par «collage» des fonds des deux pyramides identiques ensemble.

allongée un solide qui commence par une autre forme, mais a rectangles ajoutée pour le rendre plus.

tronc d'une pyramide ou d'un cône avec le haut coupé.

gyroallongée fait plus l'addition d'un antiprisme à la base.

èdre un solide dont les côtés sont à plat.

icosa ayant vingt côtés.

oblique pas à angle droit.

octa- huit.

prisme un solide avec des polygones pour hauts et des bas et des rectangles identiques pour les côtés.

pyramide un solide avec un polygone pour un fond et les côtés triangulaires qui viennent à un point.

régulière ayant visages faits de polygones réguliers identiques.

rhombique contenant losanges pour une ou plusieurs faces.

losange	une figure plane avec quatre côtés qui ne sont pas perpendiculaires.
droite	une ligne reliant le centre de la base et le centre de la partie supérieure est perpendiculaire à la partie supérieure et à la base; ou une ligne reliant le centre de la base vers le sommet (le point) d'un chiffre est perpendiculaire à la base.
adouci	changé d'une autre figure par un processus en trois étapes: la rectification, la troncature, et l'alternance.
étoilée	présentant des faces remplacés par une pyramide qui a le visage comme une base.
tétra	quatre
triangulaire	basé sur un triangle.
tronquée	coupé

Est-il difficile pour faire un solide d'un patron géométrique?

Certains d'entre eux sont faciles, et certains sont difficiles. Fondamentalement, les plus côtés d'un solide a, plus il est difficile de construire à partir d'un filet. Commencez par les plus faciles, et ensuite construire les difficiles.

Comment puis-je construire un solide à partir d'un patron géométrique?

Commencez par faire une copie de la page sur laquelle le patron géométrique est tracé. Si vous voulez décorer votre patron en tirant sur elle ou colorer, le faire avant de le découper. Ensuite, utilisez des ciseaux pour couper soigneusement le patron le long des lignes pleines. Parfois, deux faces adjacentes partagent une ligne dans le dessin qui doit être coupé. Cette ligne sera une ligne solide.

Une fois la forme est découpée, commencer à plier le long des pointillés. Utilisez de petits morceaux de ruban adhésif transparent pour fixer les bords ensemble. Lorsque tous les bords sont collées ensemble, votre forme est terminée.

Bi-allongée antiprisme triangulaire

1. Découpez le long des lignes pleines.
2. Pliez sur les lignes en pointillés.
3. Pliez en arrière sur les lignes en pointillés
4. Utilisez de ruban adhésif transparent pour fixer.

Si vous voulez dessiner ou colorier le patron, le faire avant vous tape ensemble. Si vous voulez décorer par collage sur décorations, ruban adhésif ensemble d'abord.

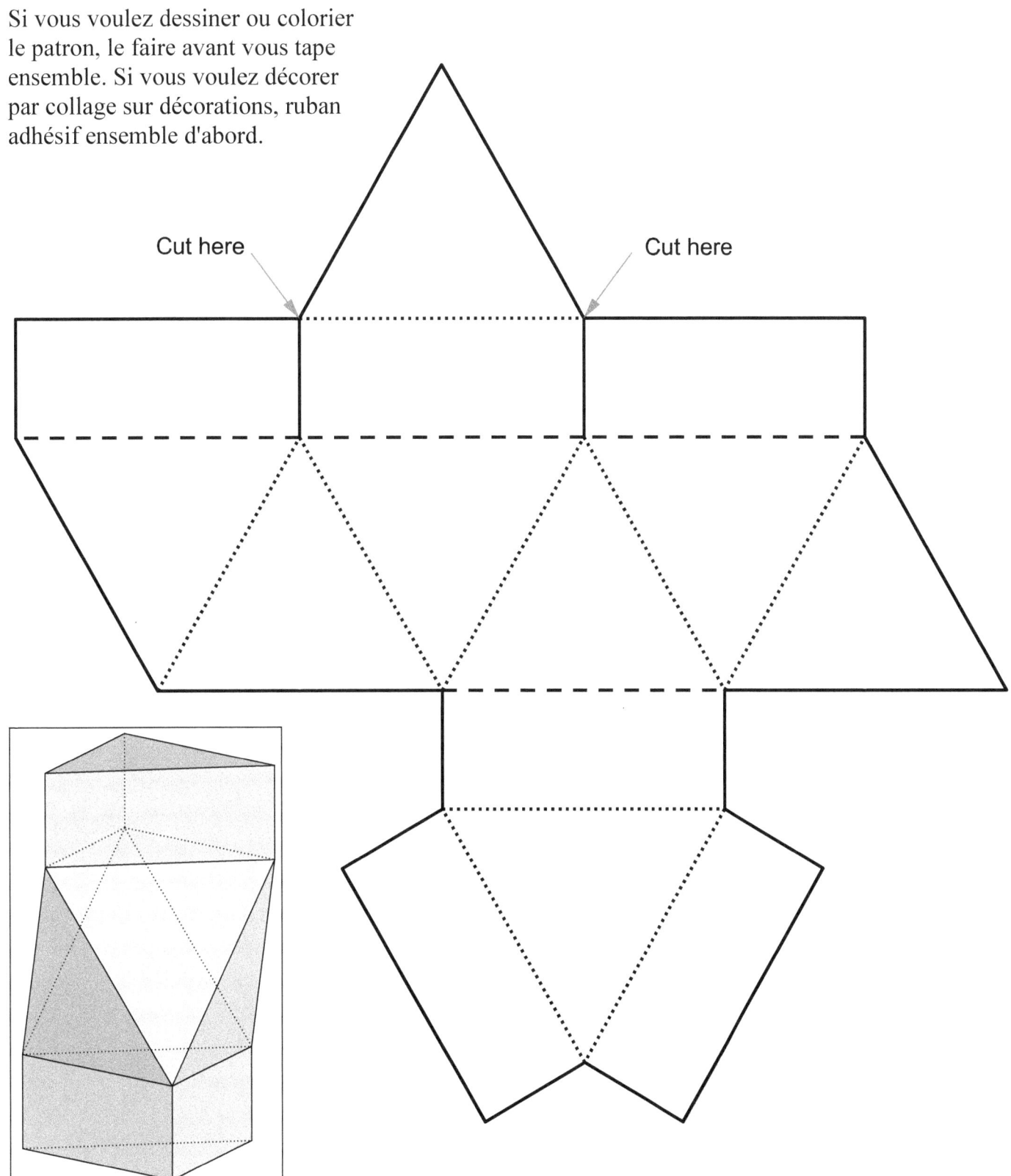

Cut here

Cut here

Patrons géométriques - Livre des projets par David E. McAdams

Cône

1. Découpez le long des lignes pleines. Essayez de ne pas couper les deux morceaux les uns des autres.

2. Utilisez de ruban adhésif transparent pour fixer.

Si vous voulez dessiner ou colorier le patron, le faire avant vous tape ensemble. Si vous voulez décorer par collage sur décorations, ruban adhésif ensemble d'abord.

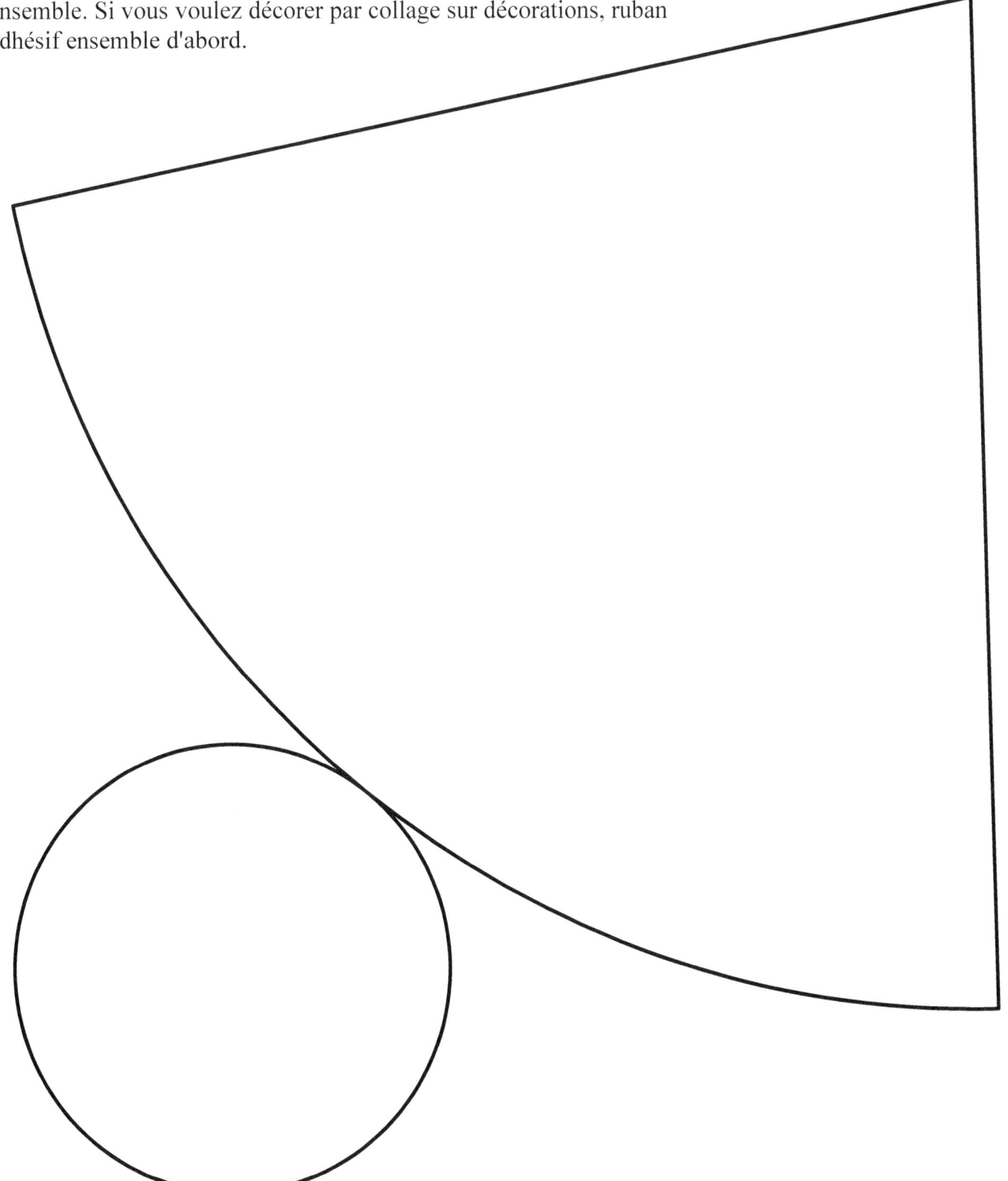

Cube

1. Découpez le long des lignes pleines.
2. Pliez sur les lignes en pointillés.
3. Utilisez de ruban adhésif transparent pour fixer.

Si vous voulez dessiner ou colorier le patron, le faire avant vous tape ensemble. Si vous voulez décorer par collage sur décorations, ruban adhésif ensemble d'abord.

Pour plus d'informations sur des cubes, aller à
http://www.allmathwords.org/en/c/cube.html

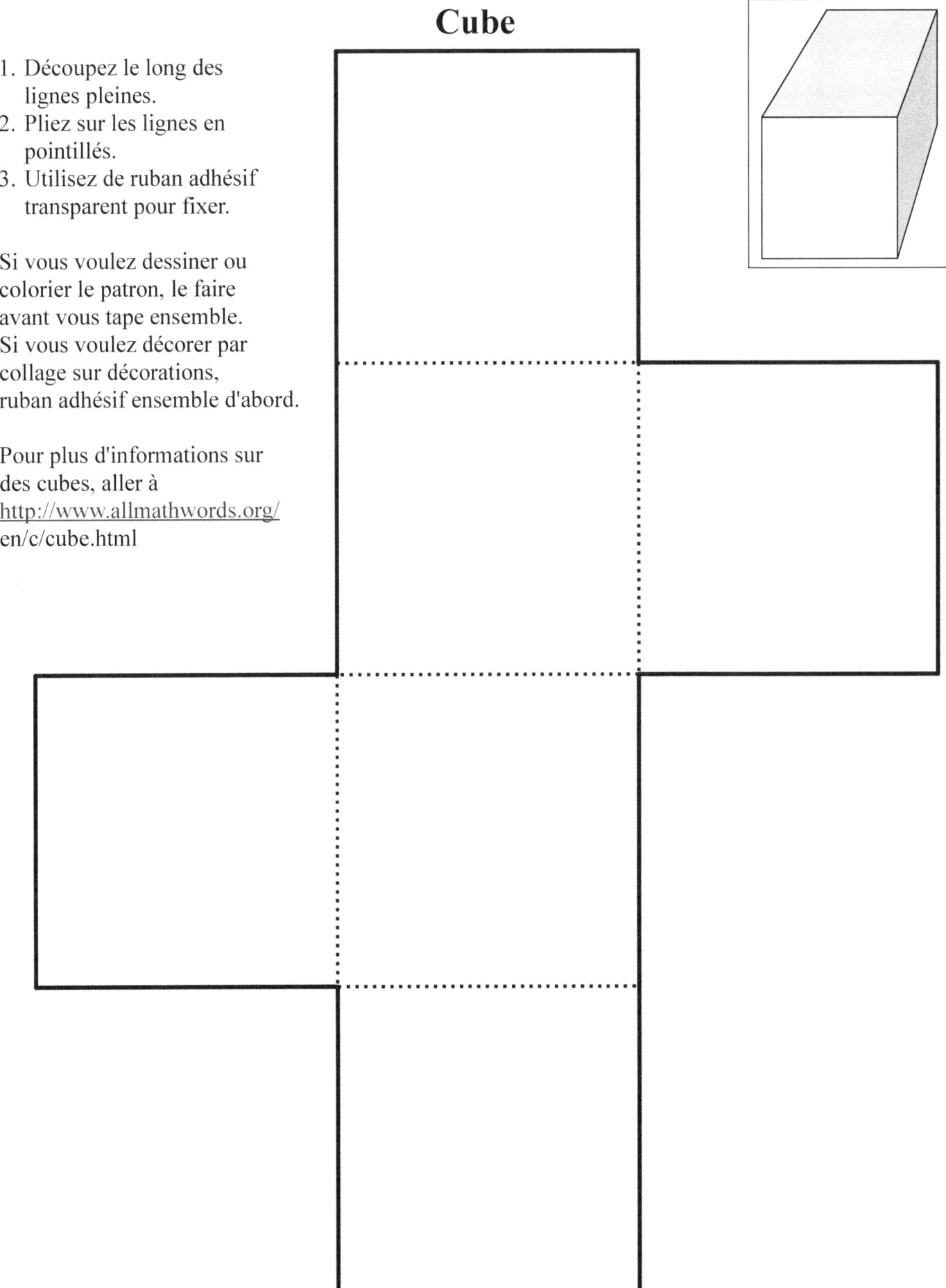

Cuboctaèdre

1. Découpez le long des lignes pleines.
2. Pliez sur les lignes en pointillés.
3. Utilisez de ruban adhésif transparent pour fixer.

Si vous voulez dessiner ou colorier le patron, le faire avant vous tape ensemble.
Si vous voulez décorer par collage sur décorations, ruban adhésif ensemble d'abord.

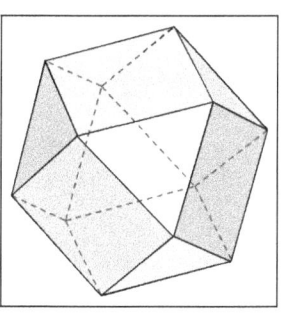

Cylindre

1. Découpez le long des lignes pleines. Essayez de ne pas couper les cercles hors du rectangle.
2. Rouler le rectangle dans un cylindre.
3. Pliez les cercles vers le bas pour correspondre le cylindre.
4. Utilisez du ruban adhésif transparent pour fixer.

Si vous voulez dessiner ou colorier le net, le faire avant vous tape ensemble. Si vous voulez décorer par collage sur les décorations, ruban adhésif ensemble d'abord.

Patrons géométriques - Livre des projets par David E. McAdams

Droit d'auteur 2015 peuvent être copiés pour un usage éducatif accessoire, non-commercial. Voir notice de copyright pour plus d'informations.

Antiprisme décagonal

1. Découpez le long des lignes pleines.
2. Pliez sur les lignes en pointillés.
3. Pliez en arrière sur les lignes en pointillés
4. Utilisez de ruban adhésif transparent pour fixer.

Si vous voulez dessiner ou colorier le patron, le faire avant vous tape ensemble. Si vous voulez décorer par collage sur décorations, ruban adhésif ensemble d'abord.

Patrons géométriques - Livre des projets par David E. McAdams

Prisme décagonal

1. Découpez le long des lignes pleines.
2. Pliez sur les lignes en pointillés.
3. Utilisez de ruban adhésif transparent pour fixer.

Si vous voulez dessiner ou colorier le patron, le faire avant vous tape ensemble. Si vous voulez décorer par collage sur décorations, ruban adhésif ensemble d'abord.

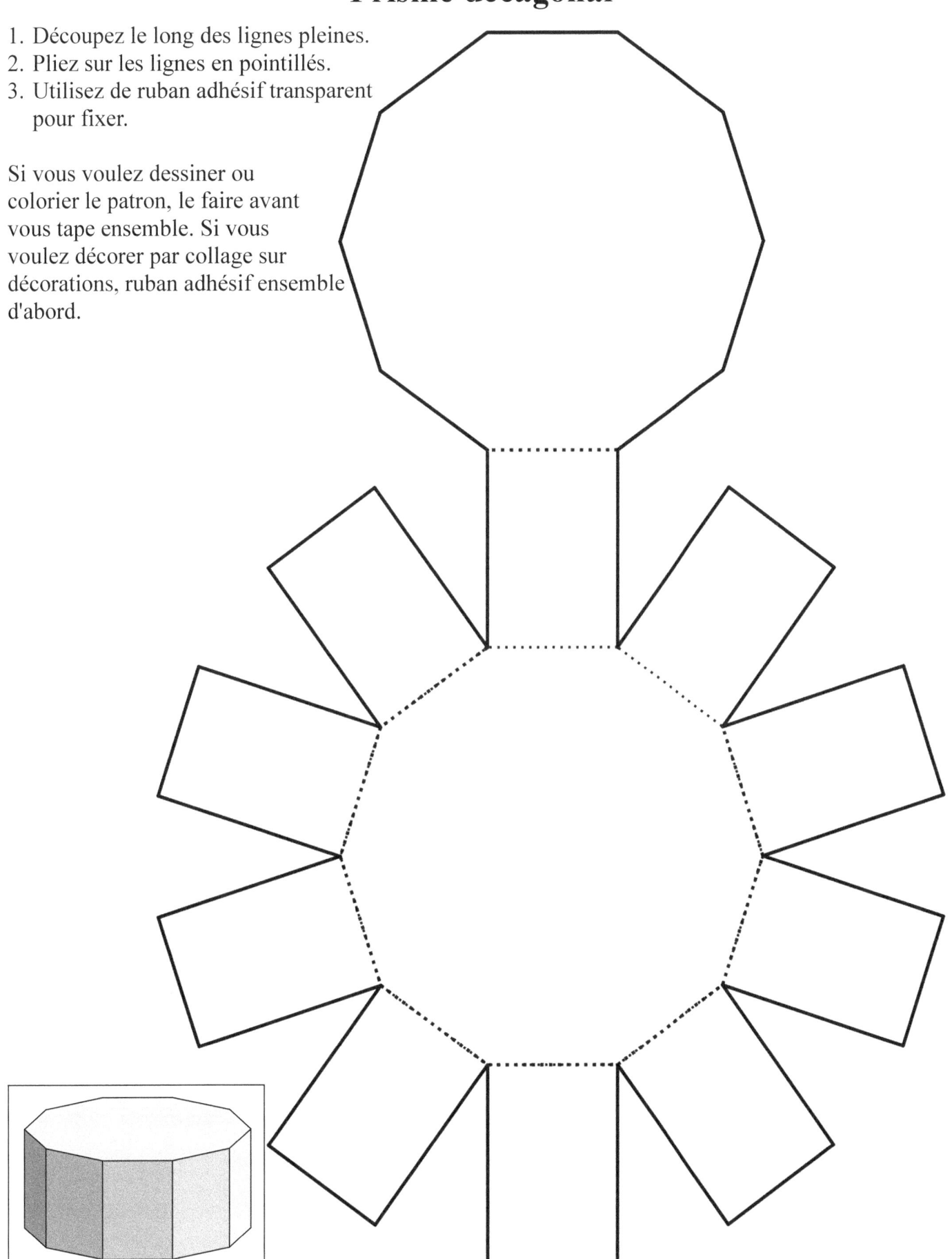

Patrons géométriques - Livre des projets par David E. McAdams

Icositétraèdre trapézoïdal

1. Découpez le long des lignes pleines.
2. Pliez sur les lignes en pointillés.
3. Utilisez de ruban adhésif transparent pour fixer.

Si vous voulez dessiner ou colorier le patron, le faire avant vous tape ensemble. Si vous voulez décorer par collage sur décorations, ruban adhésif ensemble d'abord.

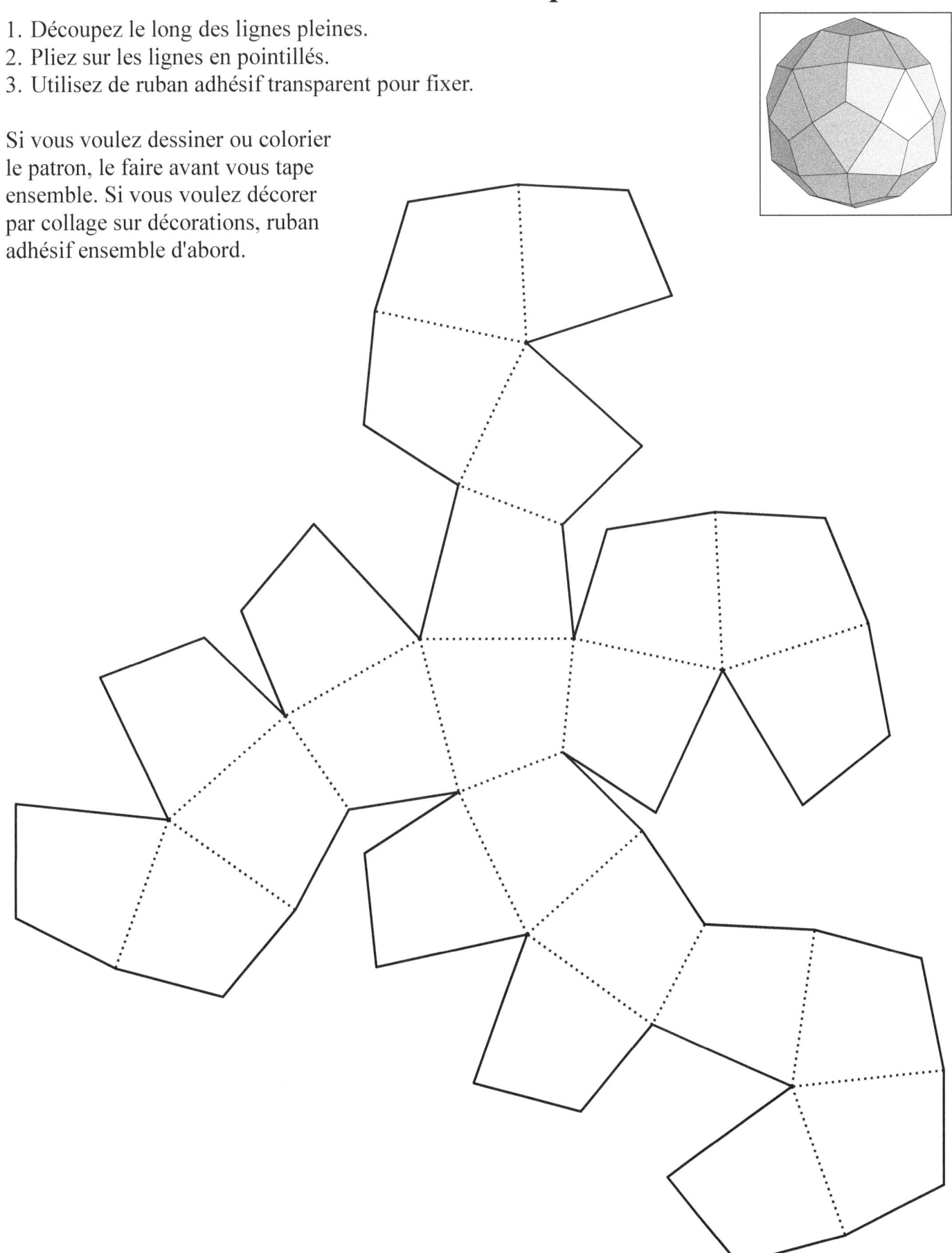

Patrons géométriques - Livre des projets par David E. McAdams

Droit d'auteur 2015 peuvent être copiés pour un usage éducatif accessoire, non-commercial. Voir notice de copyright pour plus d'informations.

Dé

1. Découpez le long des lignes pleines.
2. Pliez sur les lignes en pointillés.
3. Utilisez de ruban adhésif transparent pour fixer.

Si vous voulez dessiner ou colorier le patron, le faire avant vous tape ensemble. Si vous voulez décorer par collage sur décorations, ruban adhésif ensemble d'abord.

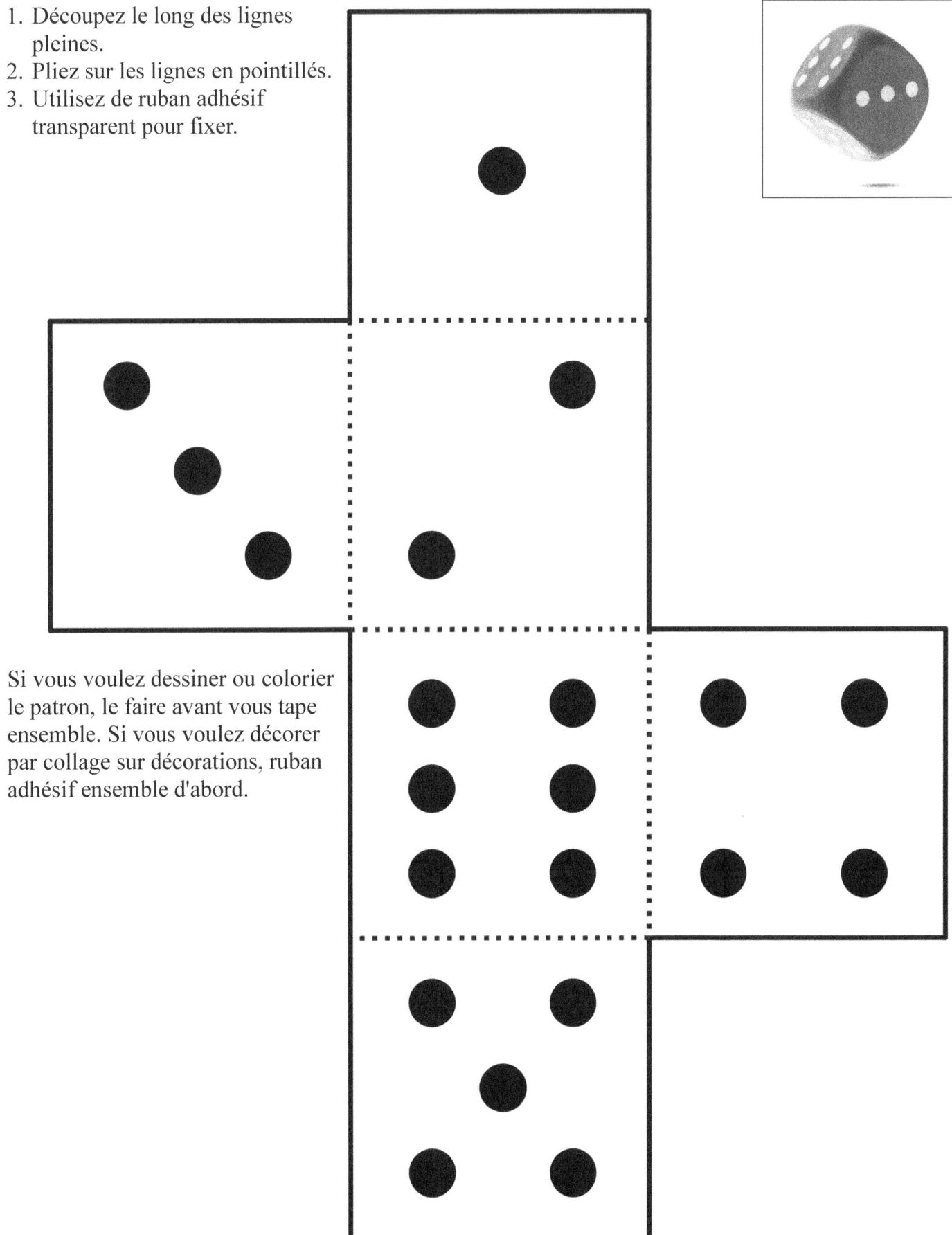

Patrons géométriques - Livre des projets par David E. McAdams

Hexakioctaèdre

1. Découpez le long des lignes pleines.
2. Pliez sur les lignes en pointillés.
3. Utilisez de ruban adhésif transparent pour fixer.

Si vous voulez dessiner ou colorier le patron, le faire avant vous tape ensemble. Si vous voulez décorer par collage sur décorations, ruban adhésif ensemble d'abord.

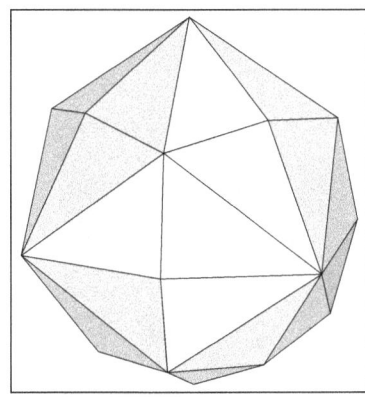

Patrons géométriques - Livre des projets par David E. McAdams

Dodécaèdre régulier

1. Découpez le long des lignes pleines.
4. Pliez sur les lignes en pointillés.
5. Utilisez de ruban adhésif transparent pour fixer.

Si vous voulez dessiner ou colorier le patron, le faire avant vous tape ensemble. Si vous voulez décorer par collage sur décorations, ruban adhésif ensemble d'abord.

Patrons géométriques - Livre des projets par David E. McAdams

Droit d'auteur 2015 peuvent être copiés pour un usage éducatif accessoire, non-commercial. Voir notice de copyright pour plus d'informations.

Coupole décagonale allongée

1. Découpez le long des lignes pleines.
2. Pliez sur les lignes en pointillés.
3. Utilisez de ruban adhésif transparent pour fixer.

Si vous voulez dessiner ou colorier le patron, le faire avant vous tape ensemble. Si vous voulez décorer par collage sur décorations, ruban adhésif ensemble d'abord.

Patrons géométriques - Livre des projets par David E. McAdams

Droit d'auteur 2015 peuvent être copiés pour un usage éducatif accessoire, non-commercial. Voir notice de copyright pour plus d'informations.

Diamant pentagonal allongé

1. Découpez le long des lignes pleines.
2. Pliez sur les lignes en pointillés.
3. Utilisez de ruban adhésif transparent pour fixer.

Si vous voulez dessiner ou colorier le patron, le faire avant vous tape ensemble. Si vous voulez décorer par collage sur décorations, ruban adhésif ensemble d'abord.

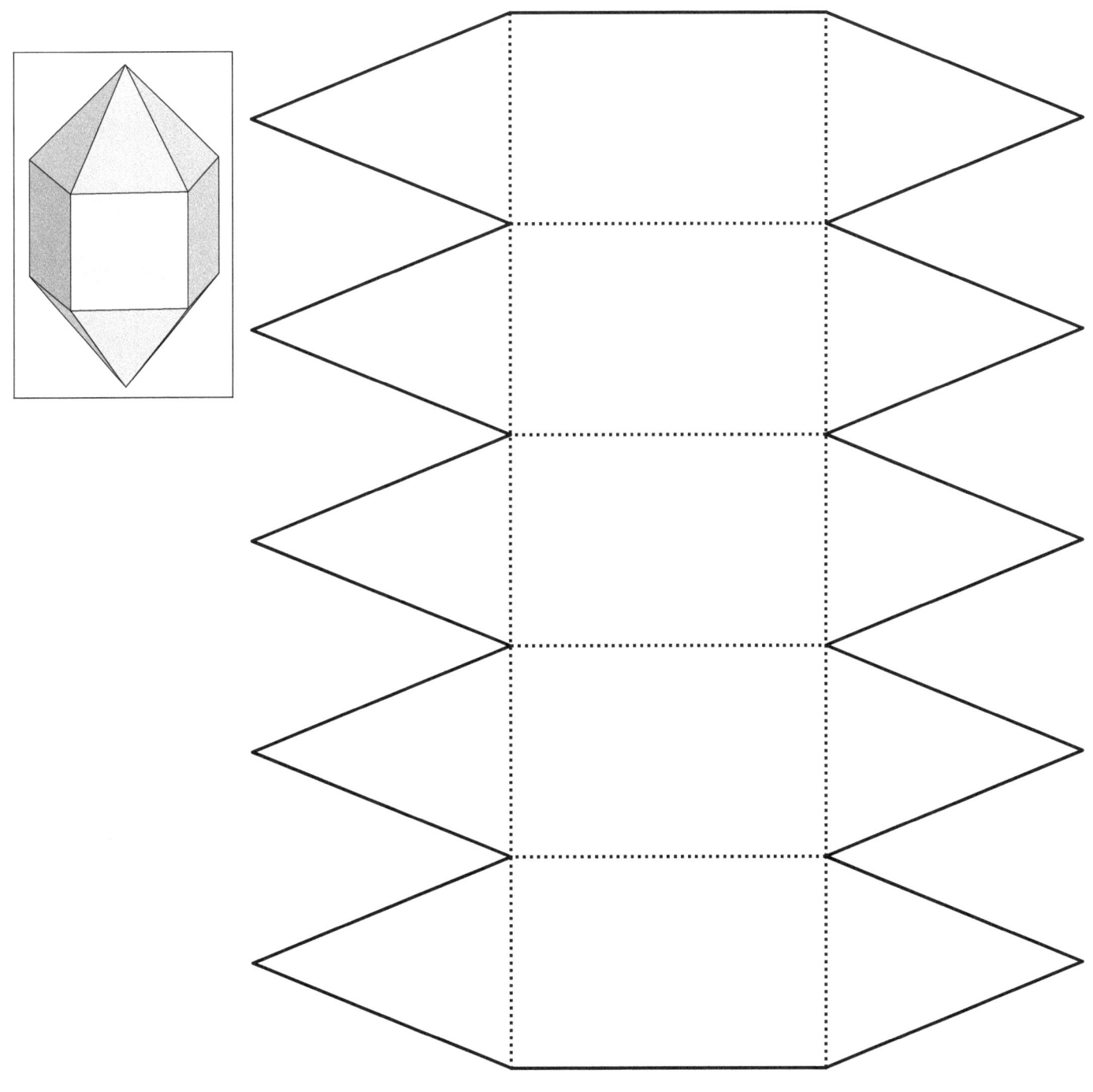

Patrons géométriques - Livre des projets par David E. McAdams

Droit d'auteur 2015 peuvent être copiés pour un usage éducatif accessoire, non-commercial. Voir notice de copyright pour plus d'informations.

Pyramide pentagonale allongée

1. Découpez le long des lignes pleines.
4. Pliez sur les lignes en pointillés.
5. Utilisez de ruban adhésif transparent pour fixer.

Si vous voulez dessiner ou colorier le patron, le faire avant vous tape ensemble. Si vous voulez décorer par collage sur décorations, ruban adhésif ensemble d'abord.

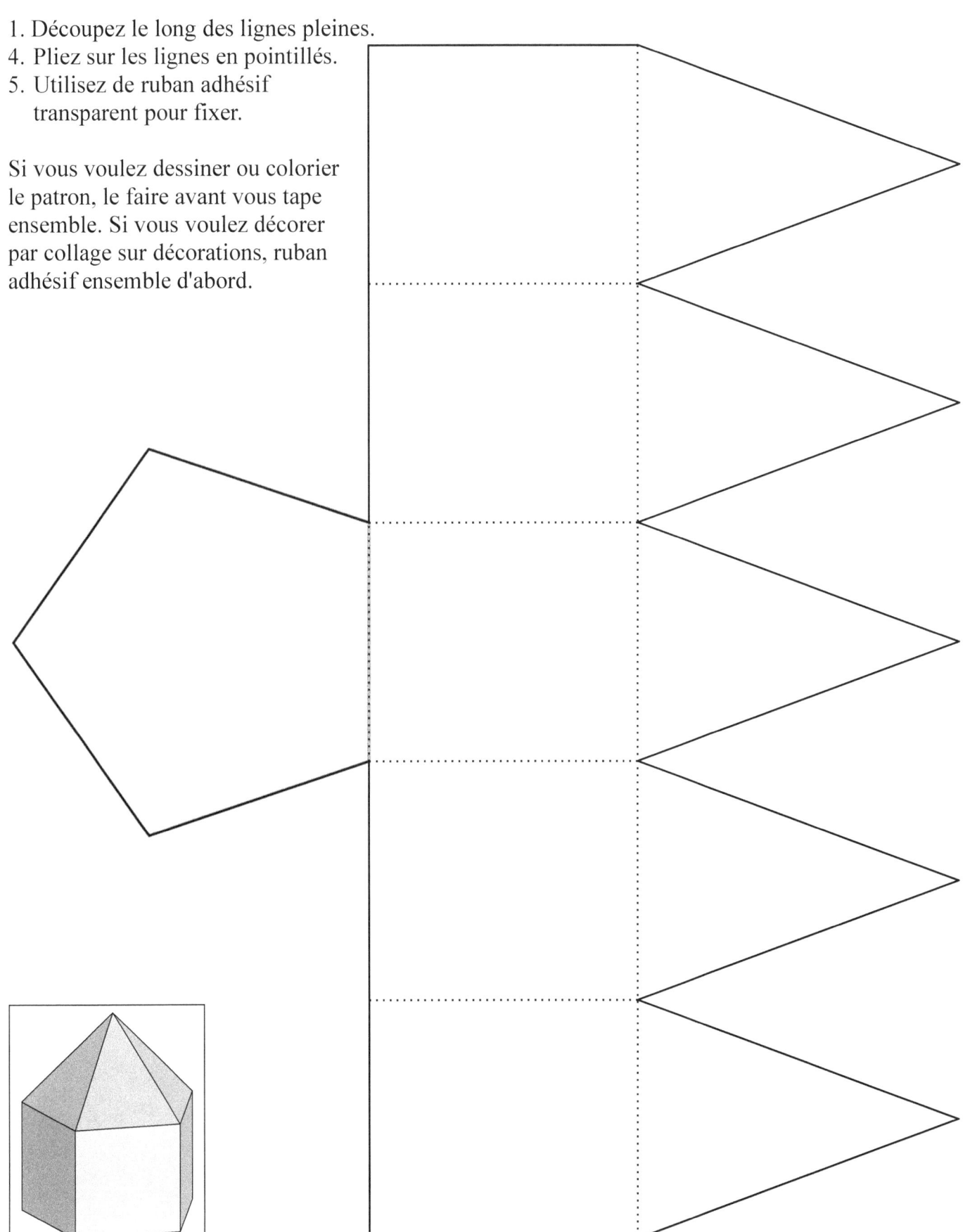

Diamant carré allongé

1. Découpez le long des lignes pleines.
2. Pliez sur les lignes en pointillés.
3. Utilisez de ruban adhésif transparent pour fixer.

Si vous voulez dessiner ou colorier le patron, le faire avant vous tape ensemble. Si vous voulez décorer par collage sur décorations, ruban adhésif ensemble d'abord.

Patrons géométriques - Livre des projets par David E. McAdams

Droit d'auteur 2015 peuvent être copiés pour un usage éducatif accessoire, non-commercial. Voir notice de copyright pour plus d'informations.

Pyramide carrée allongée

1. Découpez le long des lignes pleines.
2. Pliez sur les lignes en pointillés.
3. Utilisez de ruban adhésif transparent pour fixer.

Si vous voulez dessiner ou colorier le patron, le faire avant vous tape ensemble. Si vous voulez décorer par collage sur décorations, ruban adhésif ensemble d'abord.

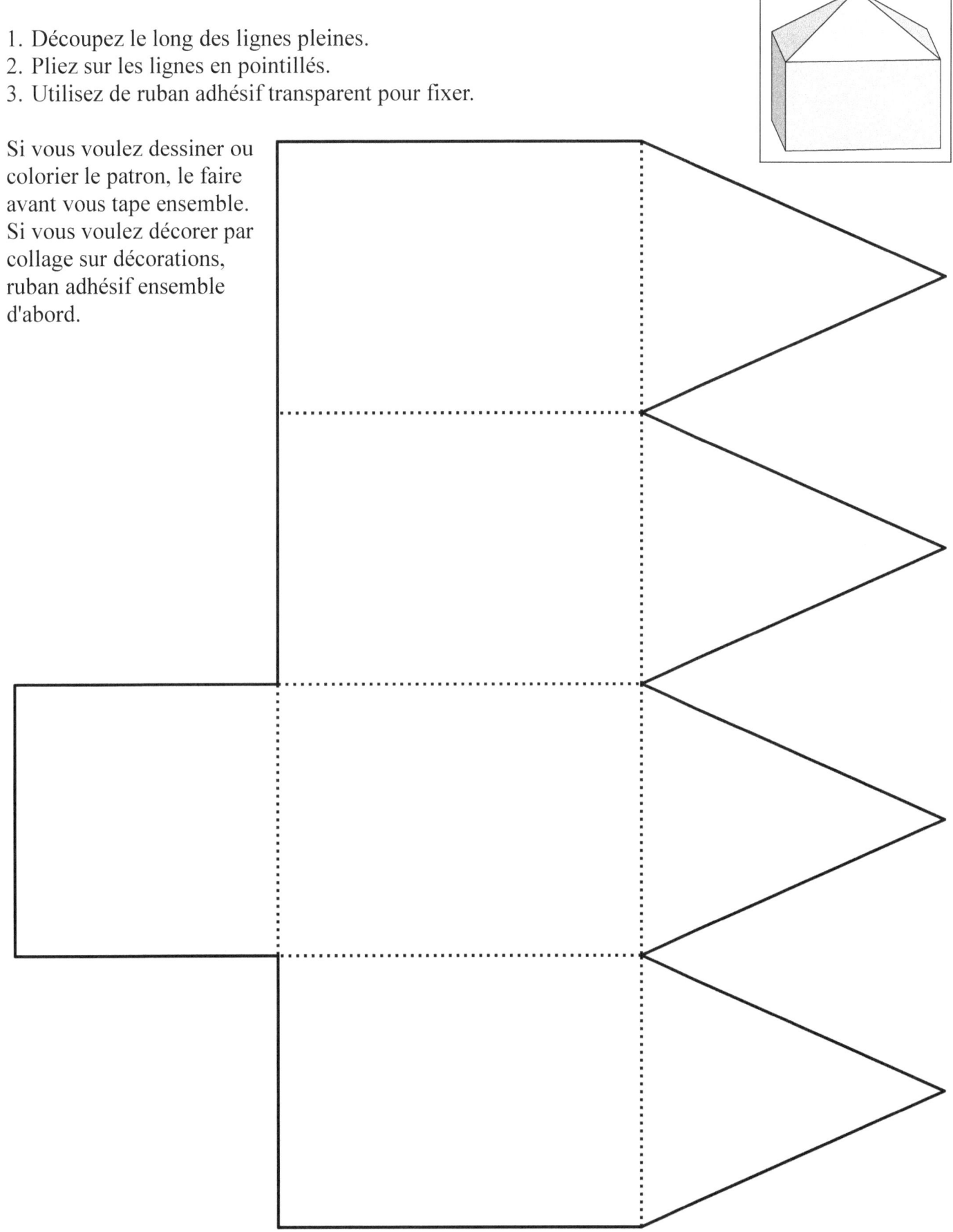

Patrons géométriques - Livre des projets par David E. McAdams

Droit d'auteur 2015 peuvent être copiés pour un usage éducatif accessoire, non-commercial. Voir notice de copyright pour plus d'informations.

Antiprisme triangulaire allongée

1. Découpez le long des lignes pleines.
2. Pliez sur les lignes en pointillés.
3. Pliez en arrière sur les lignes en pointillés
4. Utilisez de ruban adhésif transparent pour fixer.

Si vous voulez dessiner ou colorier le patron, le faire avant vous tape ensemble. Si vous voulez décorer par collage sur décorations, ruban adhésif ensemble d'abord.

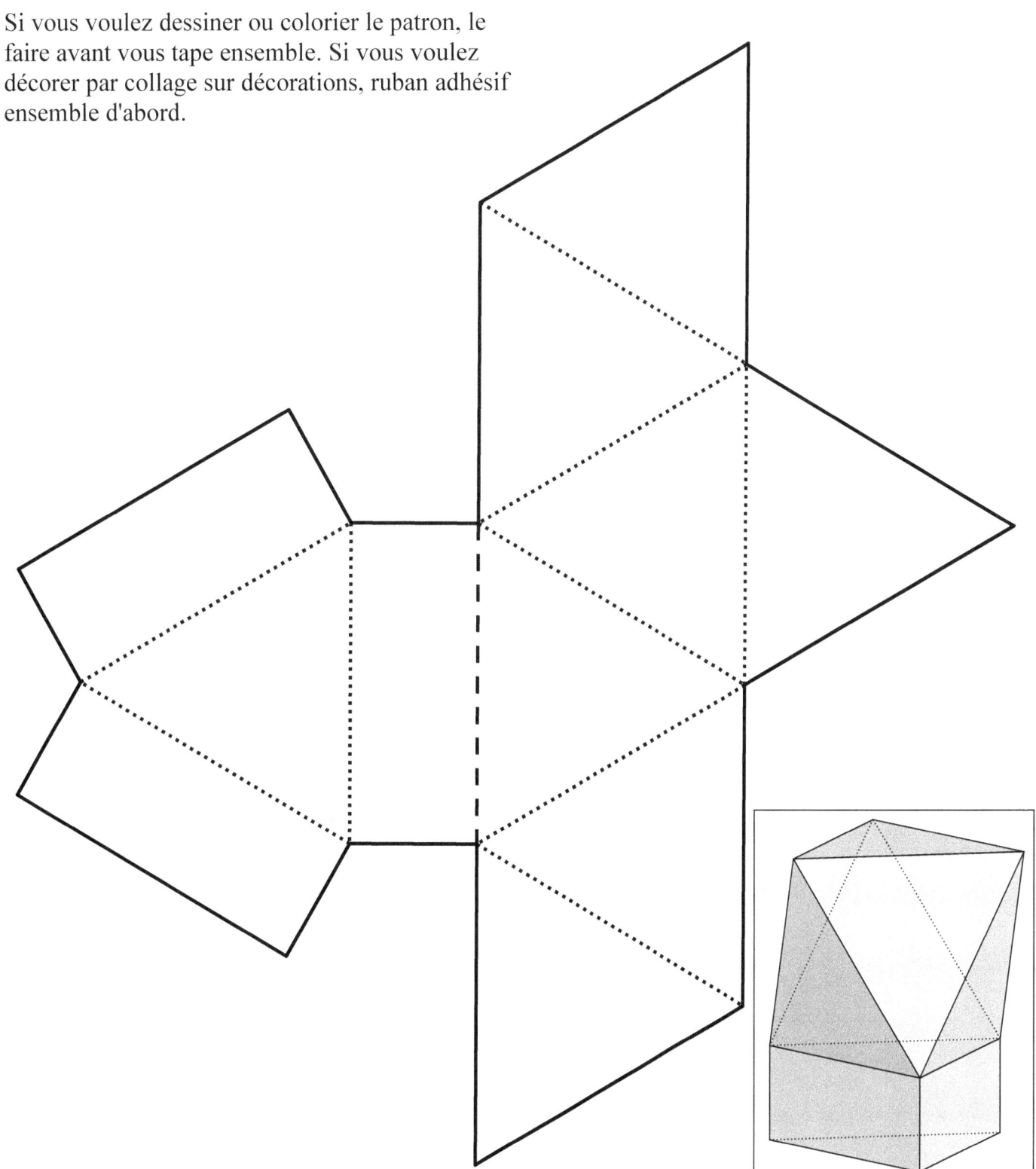

Patrons géométriques - Livre des projets par David E. McAdams

Droit d'auteur 2015 peuvent être copiés pour un usage éducatif accessoire, non-commercial. Voir notice de copyright pour plus d'informations.

Coupole triangulaire allongée

1. Découpez le long des lignes pleines.
2. Pliez sur les lignes en pointillés.
3. Utilisez de ruban adhésif transparent pour fixer.

Si vous voulez dessiner ou colorier le patron, le faire avant vous tape ensemble. Si vous voulez décorer par collage sur décorations, ruban adhésif ensemble d'abord.

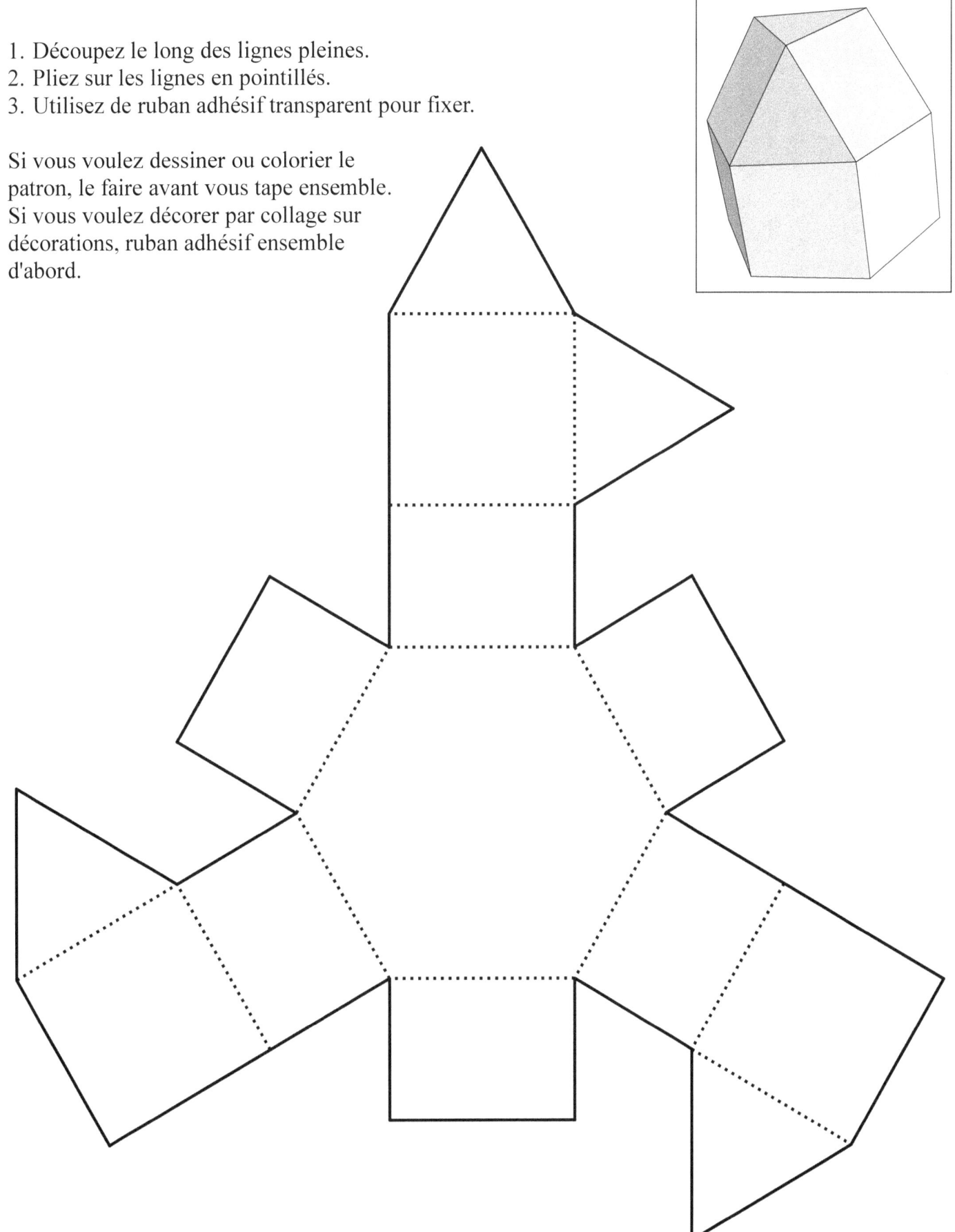

Diamant triangulaire allongé

1. Découpez le long des lignes pleines.
2. Pliez sur les lignes en pointillés.
3. Utilisez de ruban adhésif transparent pour fixer.

Si vous voulez dessiner ou colorier le patron, le faire avant vous tape ensemble. Si vous voulez décorer par collage sur décorations, ruban adhésif ensemble d'abord.

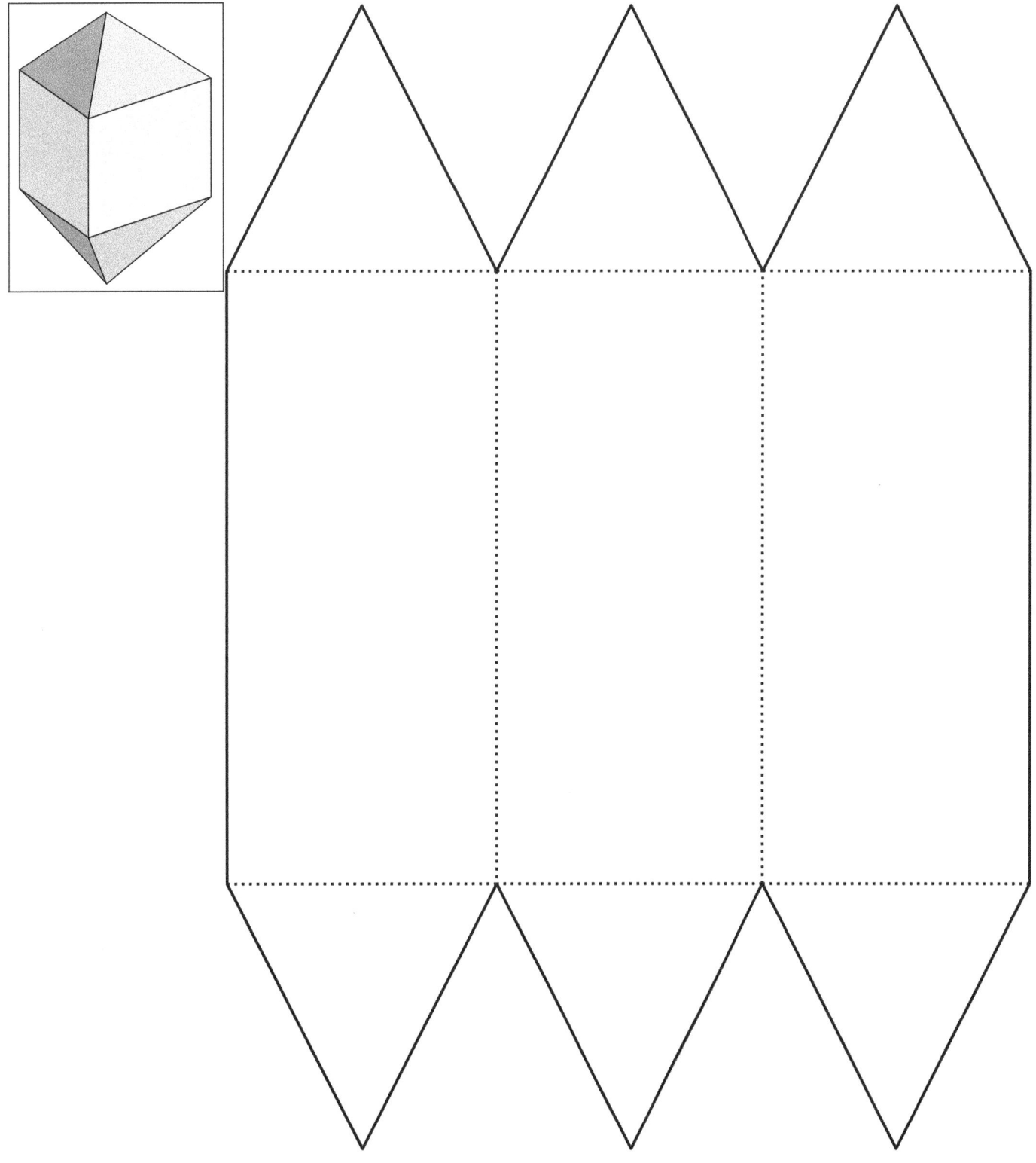

Patrons géométriques - Livre des projets par David E. McAdams

Droit d'auteur 2015 peuvent être copiés pour un usage éducatif accessoire, non-commercial. Voir notice de copyright pour plus d'informations.

Pyramide triangulaire allongée

1. Découpez le long des lignes pleines.
2. Pliez sur les lignes en pointillés.
3. Utilisez de ruban adhésif transparent pour fixer.

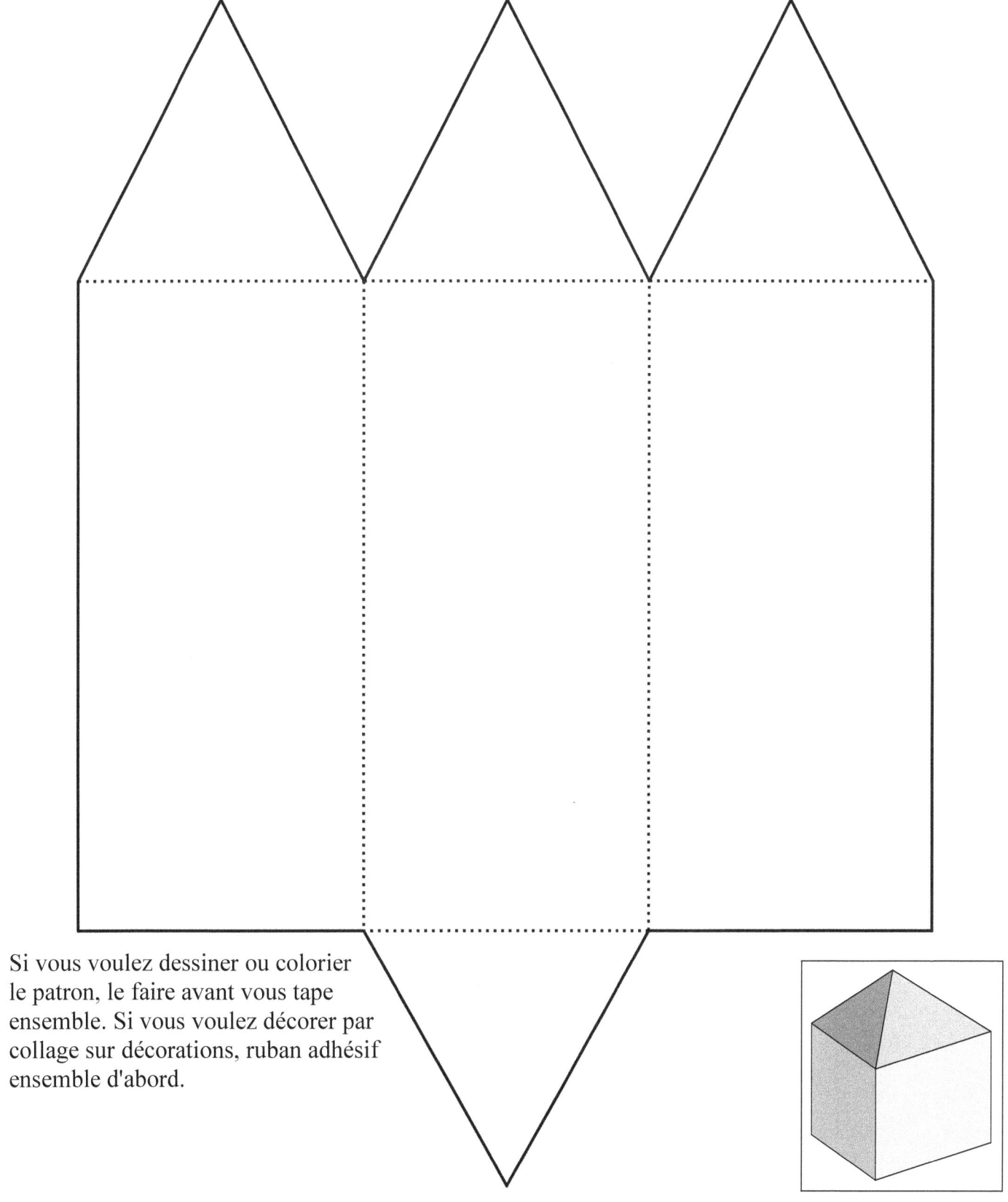

Si vous voulez dessiner ou colorier le patron, le faire avant vous tape ensemble. Si vous voulez décorer par collage sur décorations, ruban adhésif ensemble d'abord.

Tronc d'une pyramide décagonale

1. Découpez le long des lignes pleines.
2. Pliez sur les lignes en pointillés.
3. Utilisez de ruban adhésif transparent pour fixer.

Si vous voulez dessiner ou colorier le patron, le faire avant vous tape ensemble. Si vous voulez décorer par collage sur décorations, ruban adhésif ensemble d'abord.

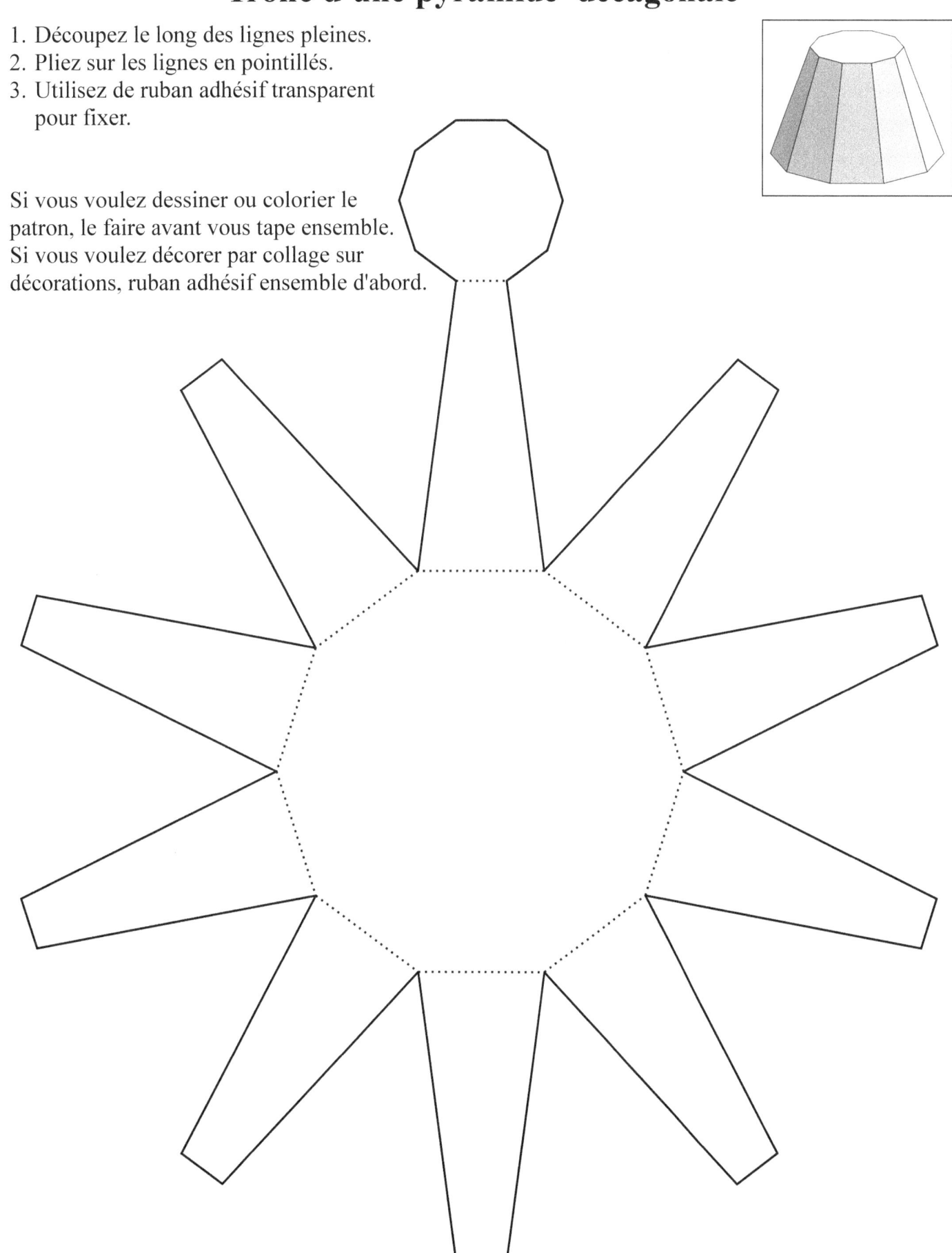

Patrons géométriques - Livre des projets par David E. McAdams

Tronc d'une pyramide quadrilatère

1. Découpez le long des lignes pleines.
2. Pliez sur les lignes en pointillés.
3. Utilisez de ruban adhésif transparent pour fixer.

Si vous voulez dessiner ou colorier le patron, le faire avant vous tape ensemble. Si vous voulez décorer par collage sur décorations, ruban adhésif ensemble d'abord.

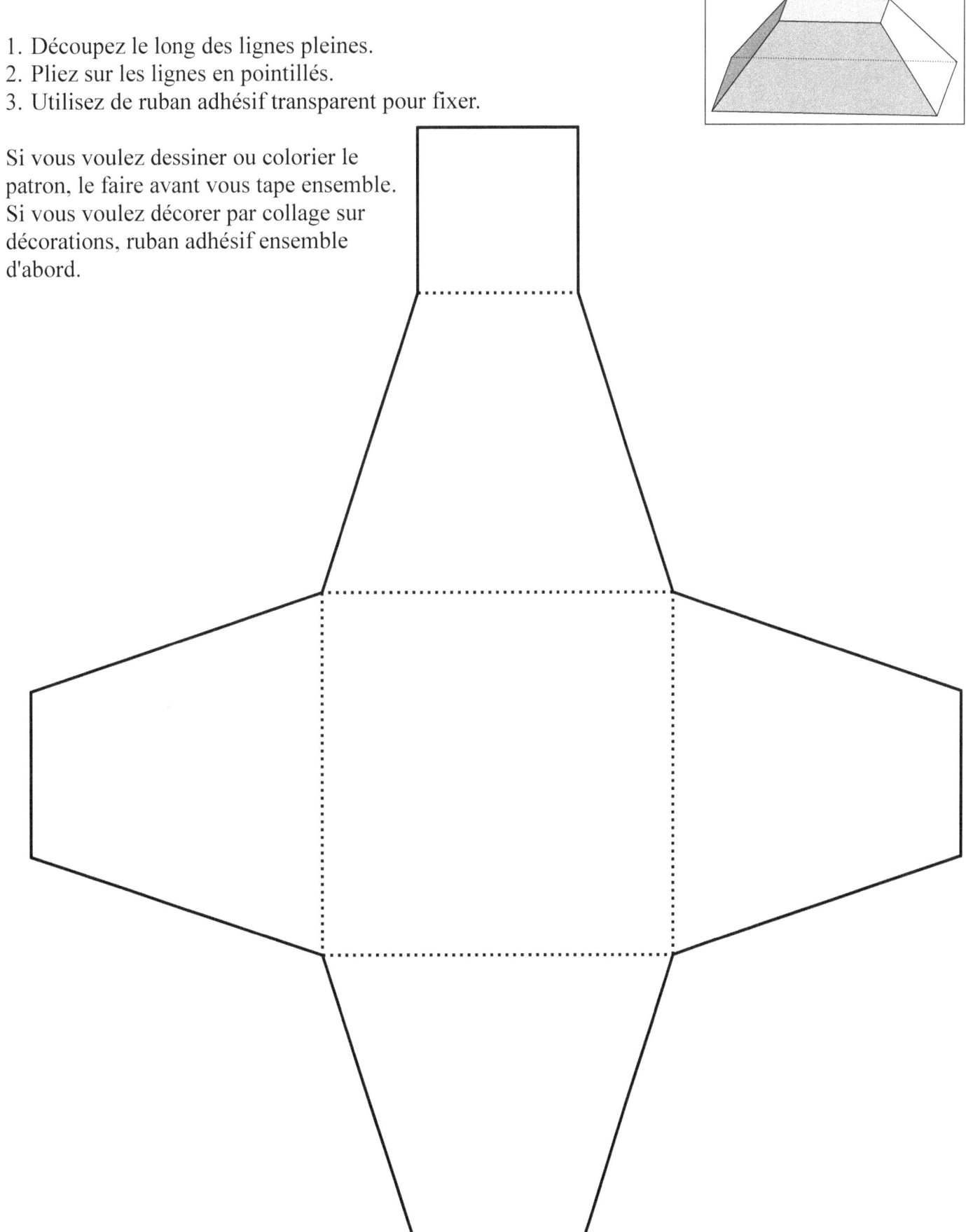

Tronc d'une pyramide triangulaire

1. Découpez le long des lignes pleines.
2. Pliez sur les lignes en pointillés.
3. Utilisez de ruban adhésif transparent pour fixer.

Si vous voulez dessiner ou colorier le patron, le faire avant vous tape ensemble. Si vous voulez décorer par collage sur décorations, ruban adhésif ensemble d'abord.

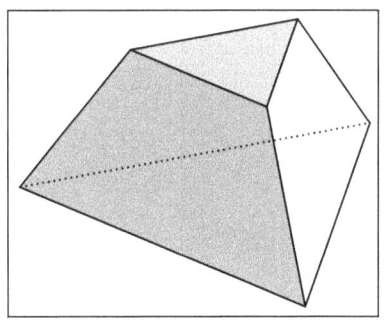

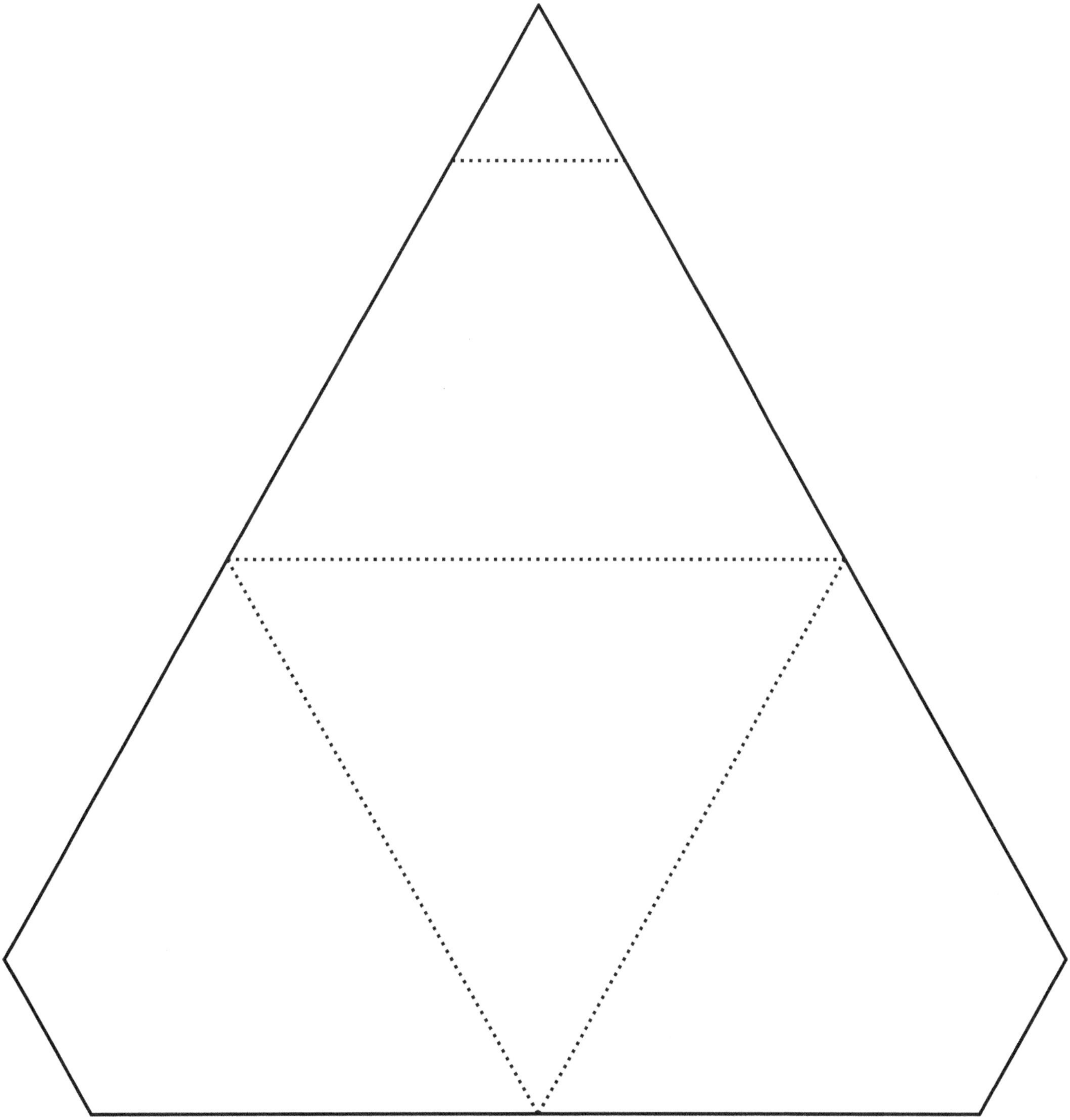

Grand dodécaèdre

1. Découpez le long des lignes pleines.
2. Pliez sur les lignes en pointillés.
3. Pliez vers l'arrière sur les lignes en tirets.
4. Utilisez de ruban adhésif transparent pour fixer.

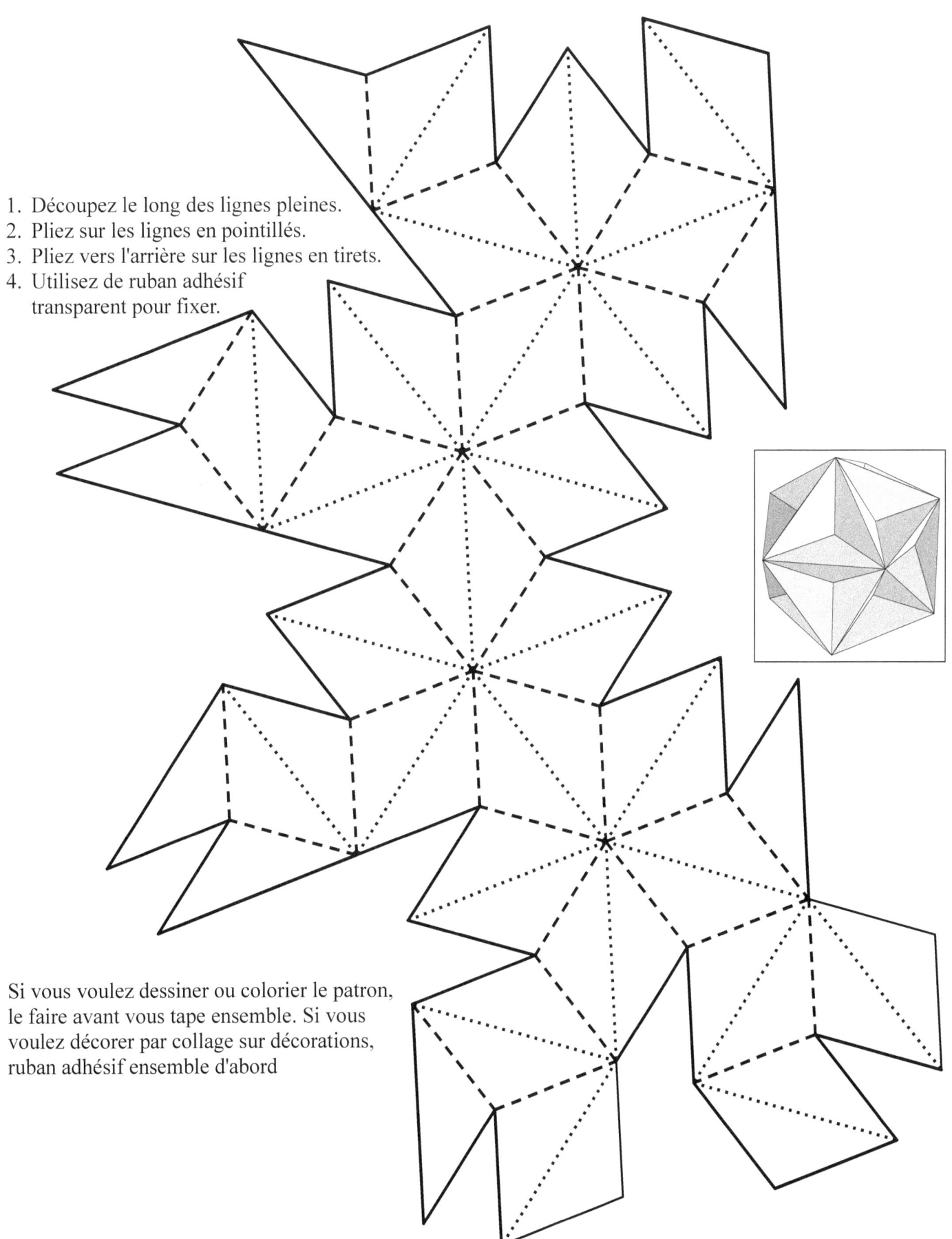

Si vous voulez dessiner ou colorier le patron, le faire avant vous tape ensemble. Si vous voulez décorer par collage sur décorations, ruban adhésif ensemble d'abord

Grand dodécaèdre étoilé

1. Ceci est une patron en deux parties. Demi est sur cette page, et l'autre moitié est sur le prochain.
2. Couper les deux parties le long des lignes pleines.
3. Collez les deux parties ensemble à l'étiquette «A».
4. Pliez sur les lignes pointillées.
5. Utilisez de ruban adhésif transparent pour fixer.

Si vous voulez dessiner ou colorier le patron, le faire avant vous tape ensemble. Si vous voulez décorer par collage sur décorations, ruban adhésif ensemble d'abord.

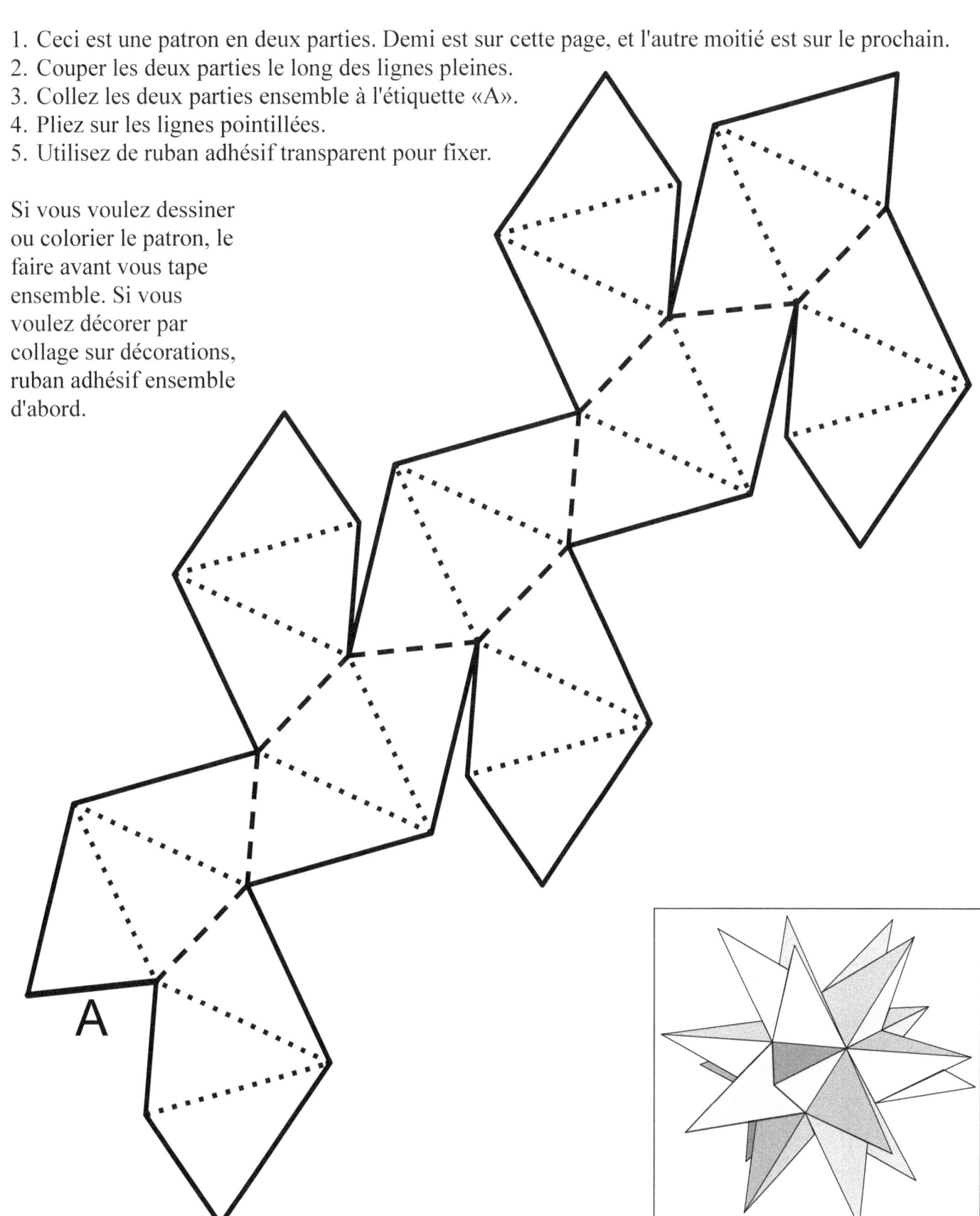

Patrons géométriques - Livre des projets par David E. McAdams

Droit d'auteur 2015 peuvent être copiés pour un usage éducatif accessoire, non-commercial. Voir notice de copyright pour plus d'informations.

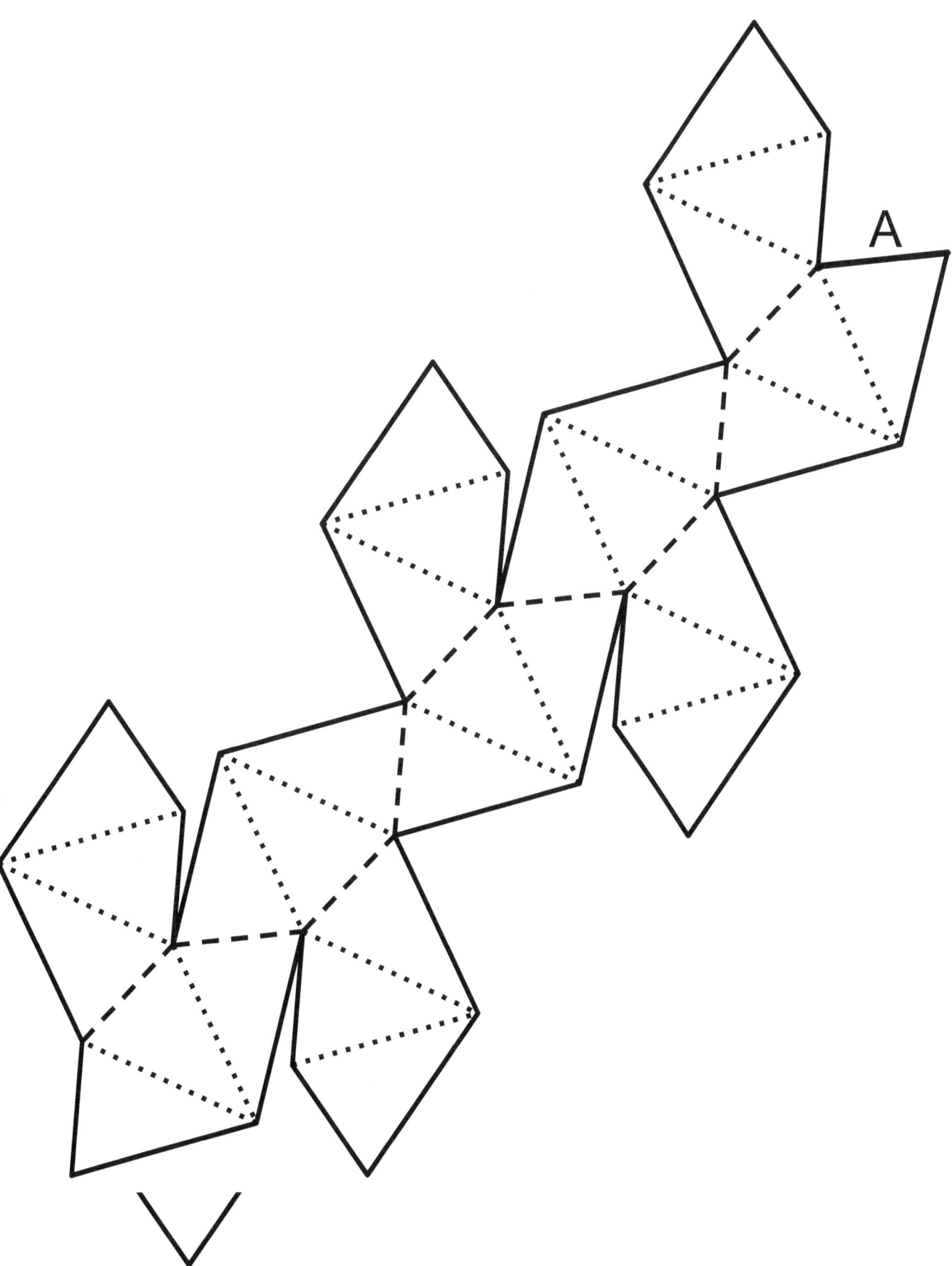

Pyramide pentagonale gyroallongée

1. Découpez le long des lignes pleines.
2. Pliez sur les lignes en pointillés.
3. Utilisez de ruban adhésif transparent pour fixer.

Si vous voulez dessiner ou colorier le patron, le faire avant vous tape ensemble. Si vous voulez décorer par collage sur décorations, ruban adhésif ensemble d'abord.

Patrons géométriques - Livre des projets par David E. McAdams

Droit d'auteur 2015 peuvent être copiés pour un usage éducatif accessoire, non-commercial. Voir notice de copyright pour plus d'informations.

Diamant carré gyroallongé

1. Découpez le long des lignes pleines.
2. Pliez sur les lignes en pointillés.
3. Utilisez de ruban adhésif transparent pour fixer.

Si vous voulez dessiner ou colorier le patron, le faire avant vous tape ensemble. Si vous voulez décorer par collage sur décorations, ruban adhésif ensemble d'abord.

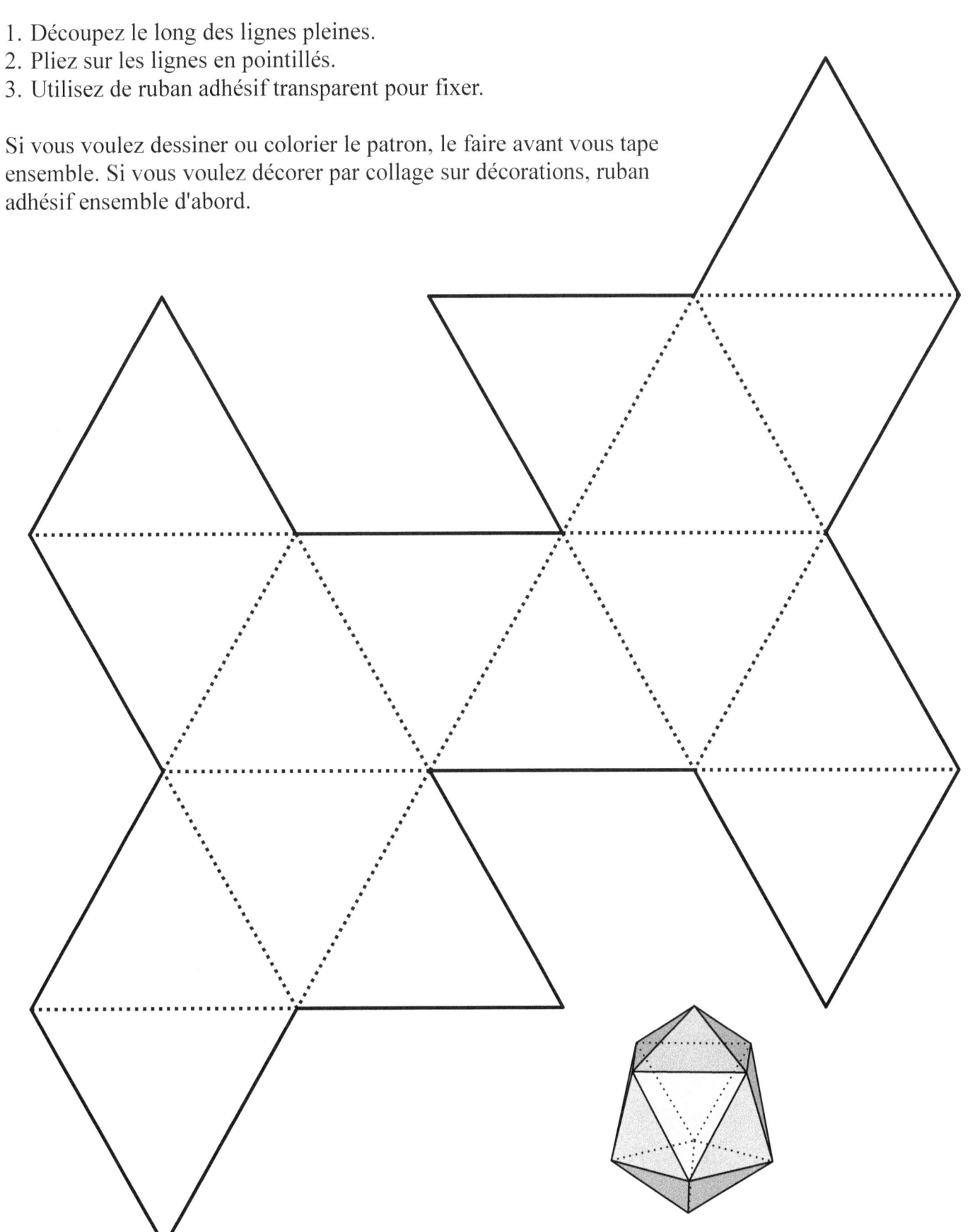

Patrons géométriques - Livre des projets par David E. McAdams

Prisme carré gyroallongé

1. Découpez le long des lignes pleines.
2. Pliez sur les lignes en pointillés.
3. Utilisez de ruban adhésif transparent pour fixer.

Si vous voulez dessiner ou colorier le patron, le faire avant vous tape ensemble. Si vous voulez décorer par collage sur décorations, ruban adhésif ensemble d'abord.

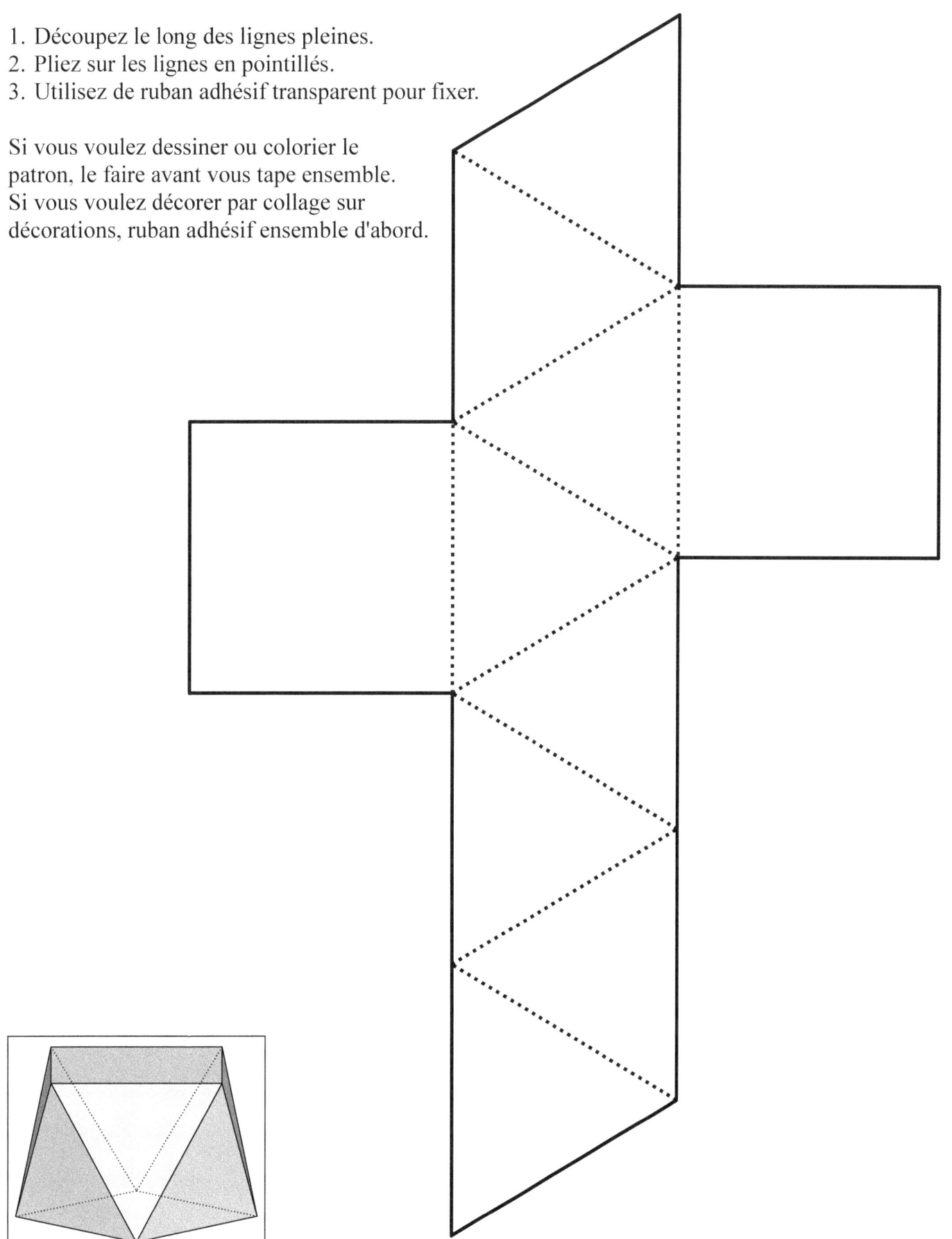

Pyramide carrée gyroallongée

1. Découpez le long des lignes pleines.
2. Pliez sur les lignes en pointillés.
3. Utilisez de ruban adhésif transparent pour fixer.

Si vous voulez dessiner ou colorier le patron, le faire avant vous tape ensemble. Si vous voulez décorer par collage sur décorations, ruban adhésif ensemble d'abord.

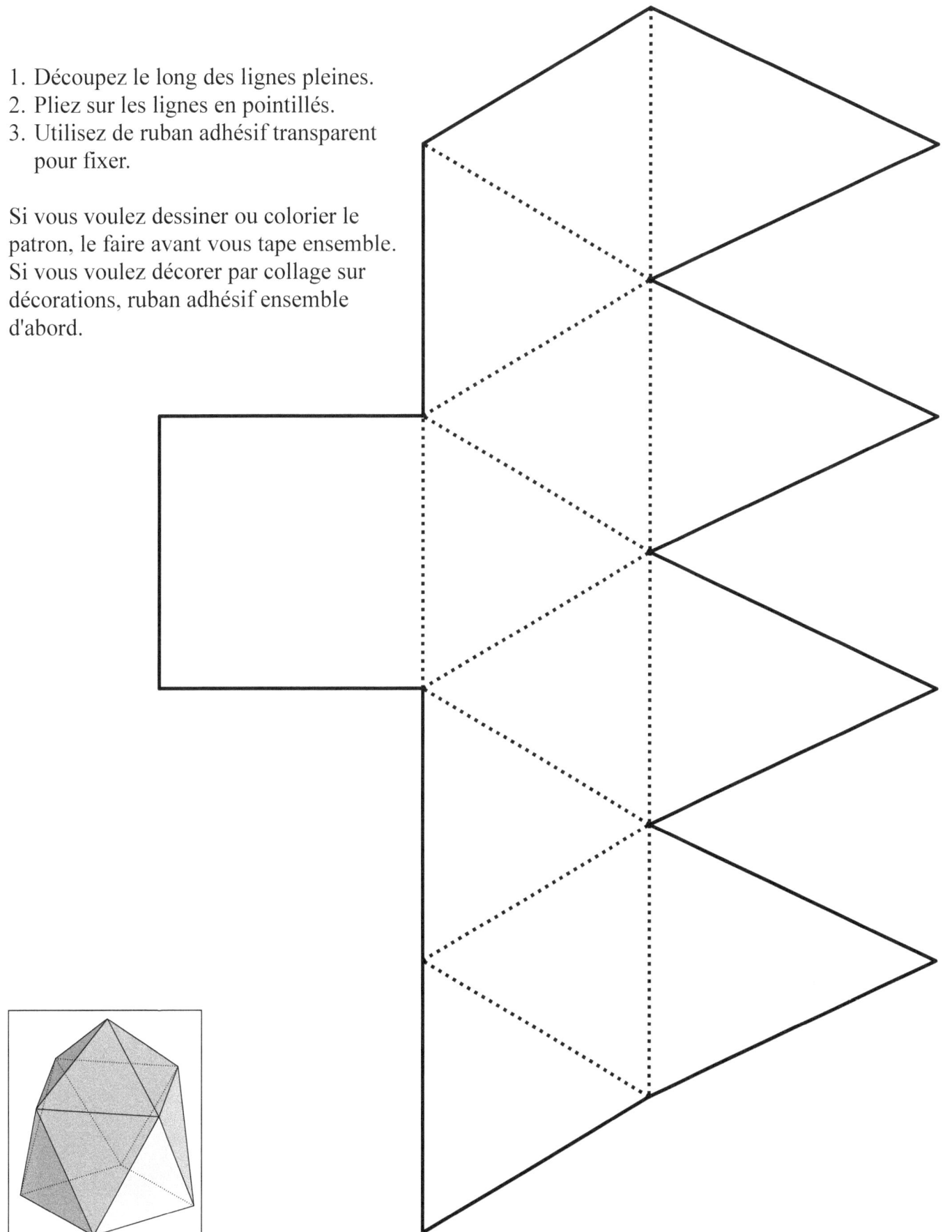

Pyramide heptagonal

1. Découpez le long des lignes pleines.
2. Pliez sur les lignes en pointillés.
3. Utilisez de ruban adhésif transparent pour fixer.

Si vous voulez dessiner ou colorier le patron, le faire avant vous tape ensemble. Si vous voulez décorer par collage sur décorations, ruban adhésif ensemble d'abord.

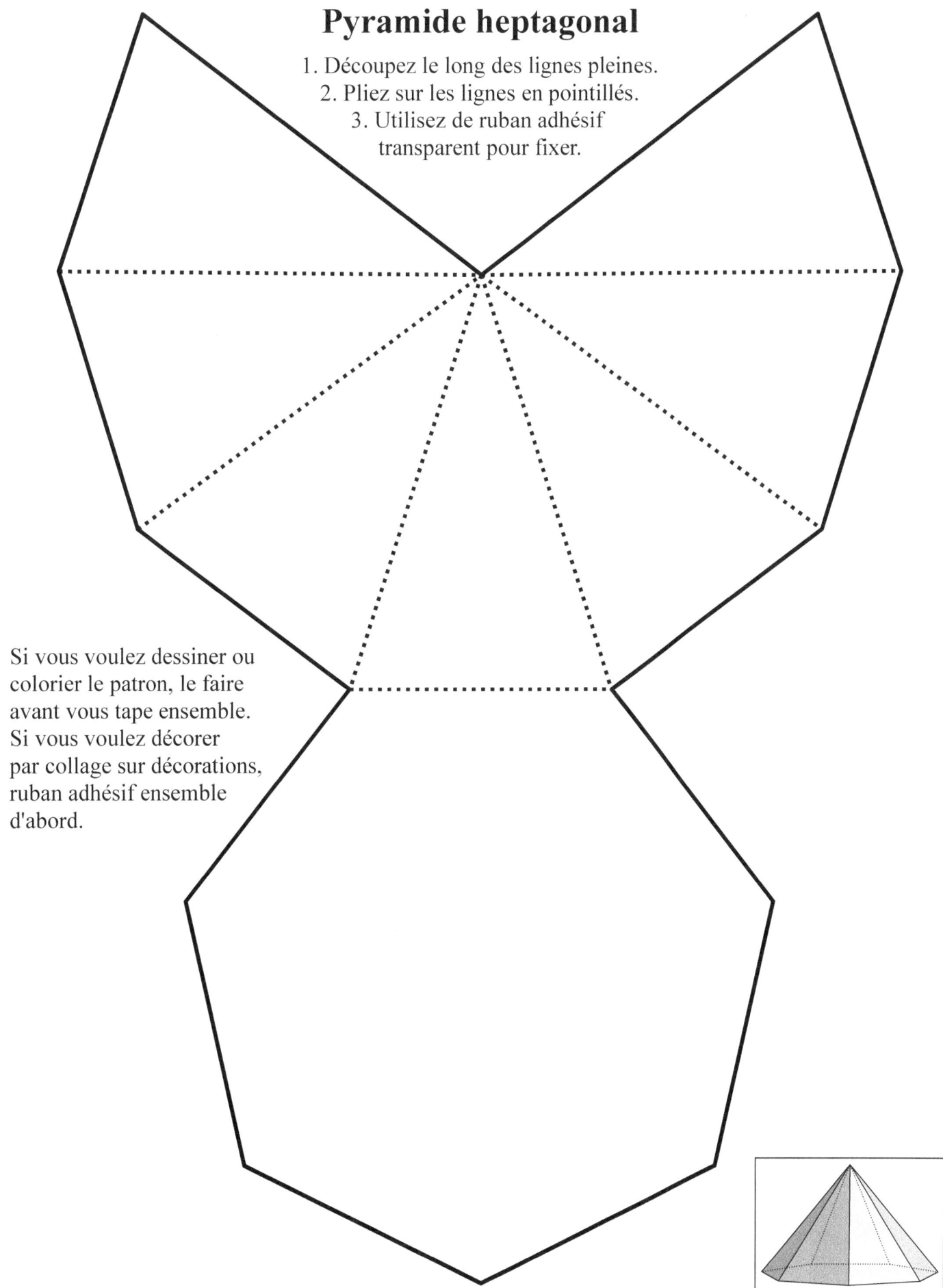

Heptaèdre 4,4,4,3,3,3,3

1. Découpez le long des lignes pleines.
2. Pliez sur les lignes en pointillés.
3. Utilisez de ruban adhésif transparent pour fixer.

Si vous voulez dessiner ou colorier le patron, le faire avant vous tape ensemble. Si vous voulez décorer par collage sur décorations, ruban adhésif ensemble d'abord.

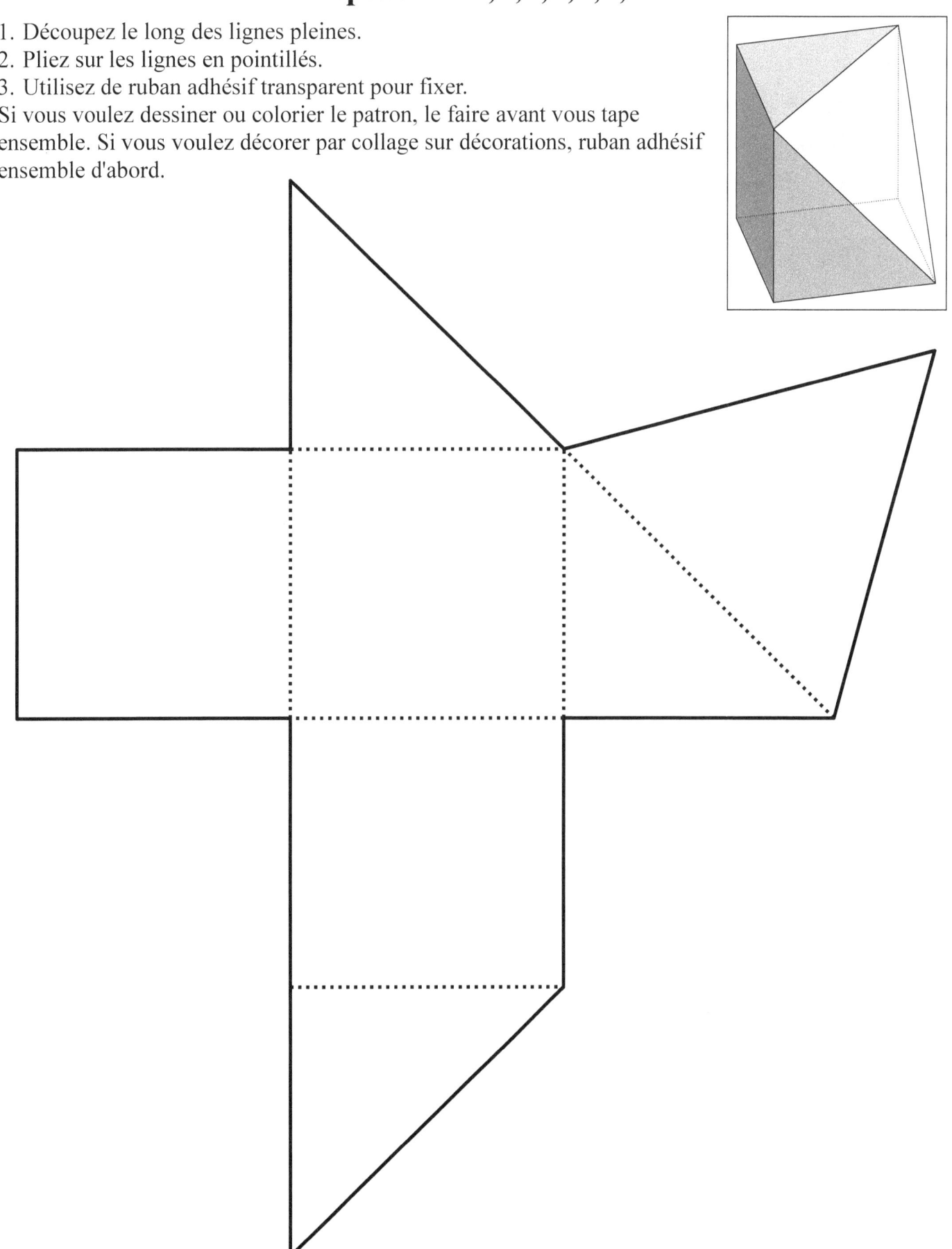

Patrons géométriques - Livre des projets par David E. McAdams

Heptaèdre 5,5,5,4,4,4,3

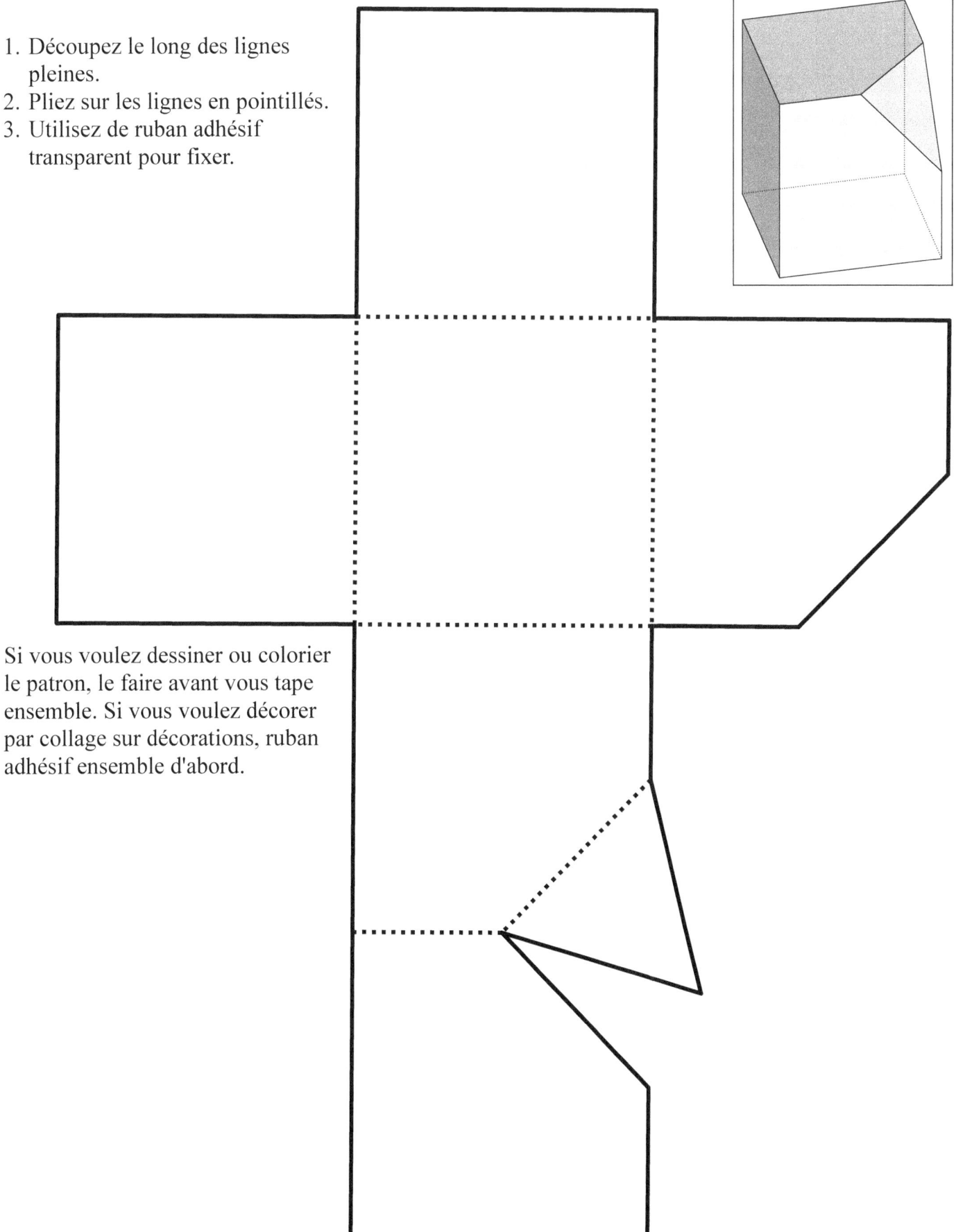

1. Découpez le long des lignes pleines.
2. Pliez sur les lignes en pointillés.
3. Utilisez de ruban adhésif transparent pour fixer.

Si vous voulez dessiner ou colorier le patron, le faire avant vous tape ensemble. Si vous voulez décorer par collage sur décorations, ruban adhésif ensemble d'abord.

Patrons géométriques - Livre des projets par David E. McAdams

Droit d'auteur 2015 peuvent être copiés pour un usage éducatif accessoire, non-commercial. Voir notice de copyright pour plus d'informations.

Heptaèdre 6,6,4,4,4,3,3

1. Découpez le long des lignes pleines.
2. Pliez sur les lignes en pointillés.
3. Utilisez de ruban adhésif transparent pour fixer.

Si vous voulez dessiner ou colorier le patron, le faire avant vous tape ensemble. Si vous voulez décorer par collage sur décorations, ruban adhésif ensemble d'abord.

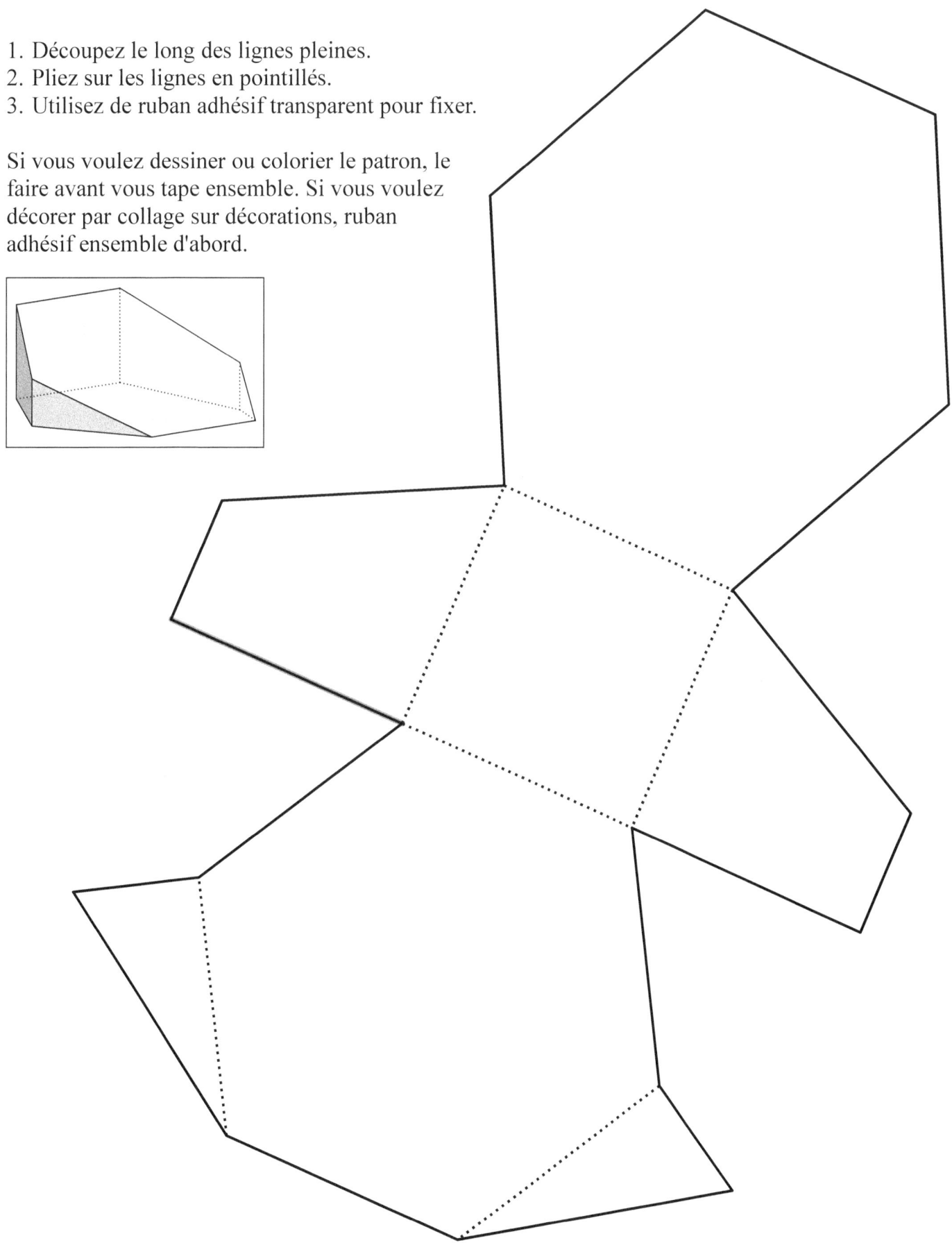

Prisme hexagonal

1. Découpez le long des lignes pleines.
2. Pliez sur les lignes en pointillés.
3. Utilisez de ruban adhésif transparent pour fixer.

Si vous voulez dessiner ou colorier le patron, le faire avant vous tape ensemble. Si vous voulez décorer par collage sur décorations, ruban adhésif ensemble d'abord.

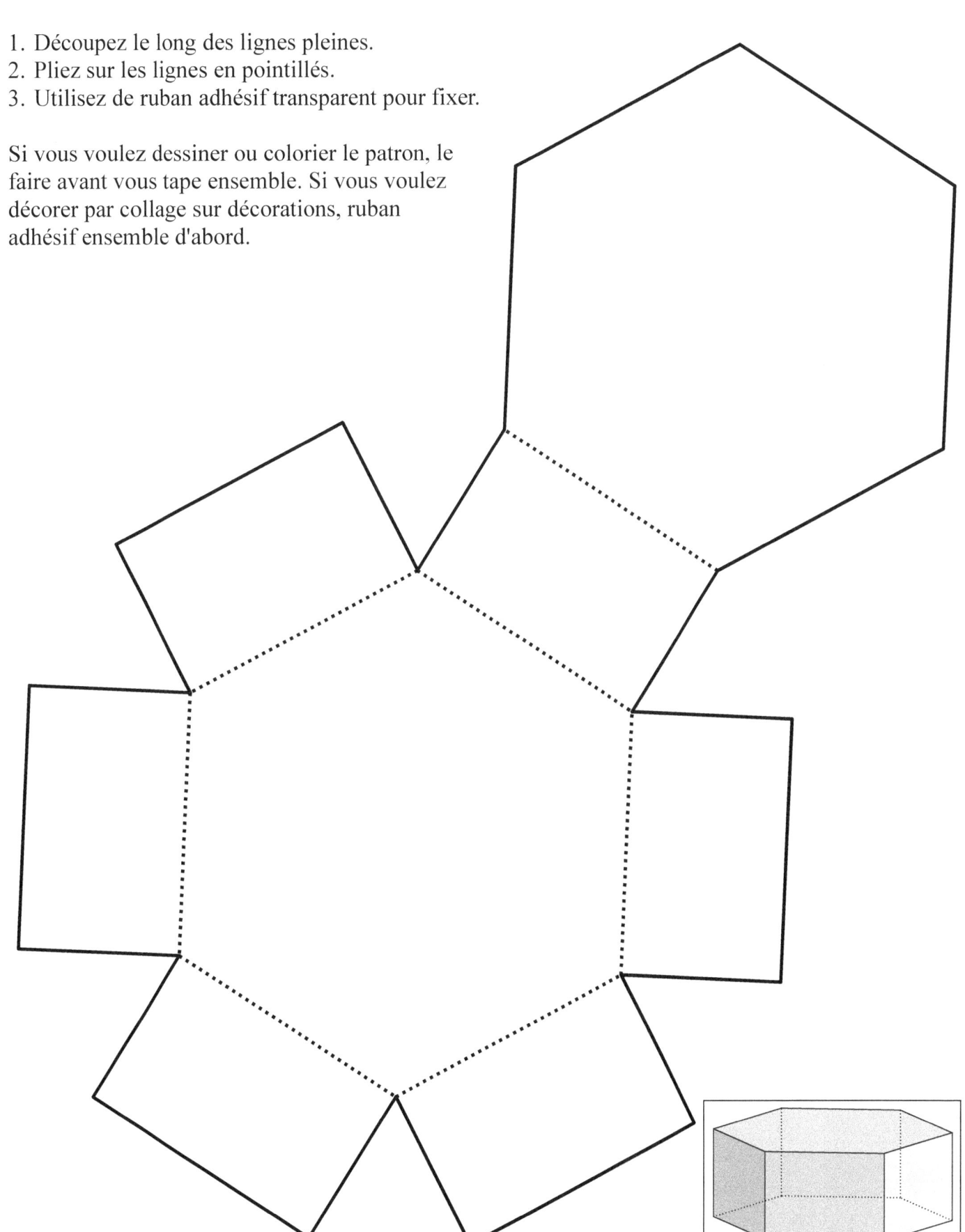

Pyramide hexagonal

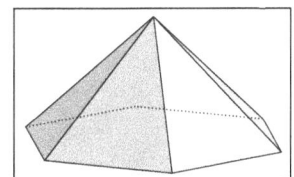

1. Découpez le long des lignes pleines.
2. Pliez sur les lignes en pointillés.
3. Utilisez de ruban adhésif transparent pour fixer.

Si vous voulez dessiner ou colorier le patron, le faire avant vous tape ensemble. Si vous voulez décorer par collage sur décorations, ruban adhésif ensemble d'abord.

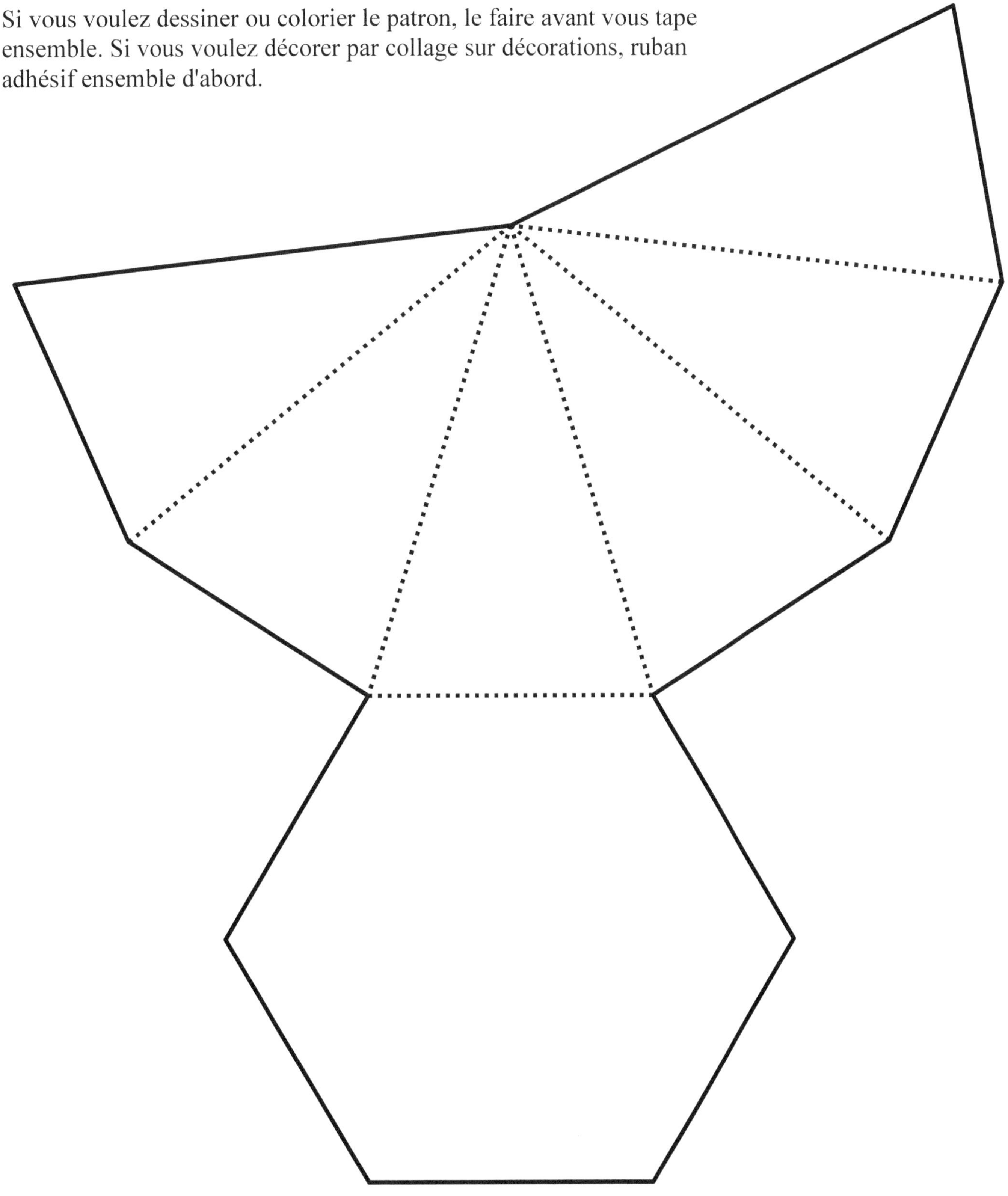

Hexaèdre 4,4,4,4,3,3

1. Découpez le long des lignes pleines.
2. Pliez sur les lignes en pointillés.
3. Utilisez de ruban adhésif transparent pour fixer.

Si vous voulez dessiner ou colorier le patron, le faire avant vous tape ensemble. Si vous voulez décorer par collage sur décorations, ruban adhésif ensemble d'abord.

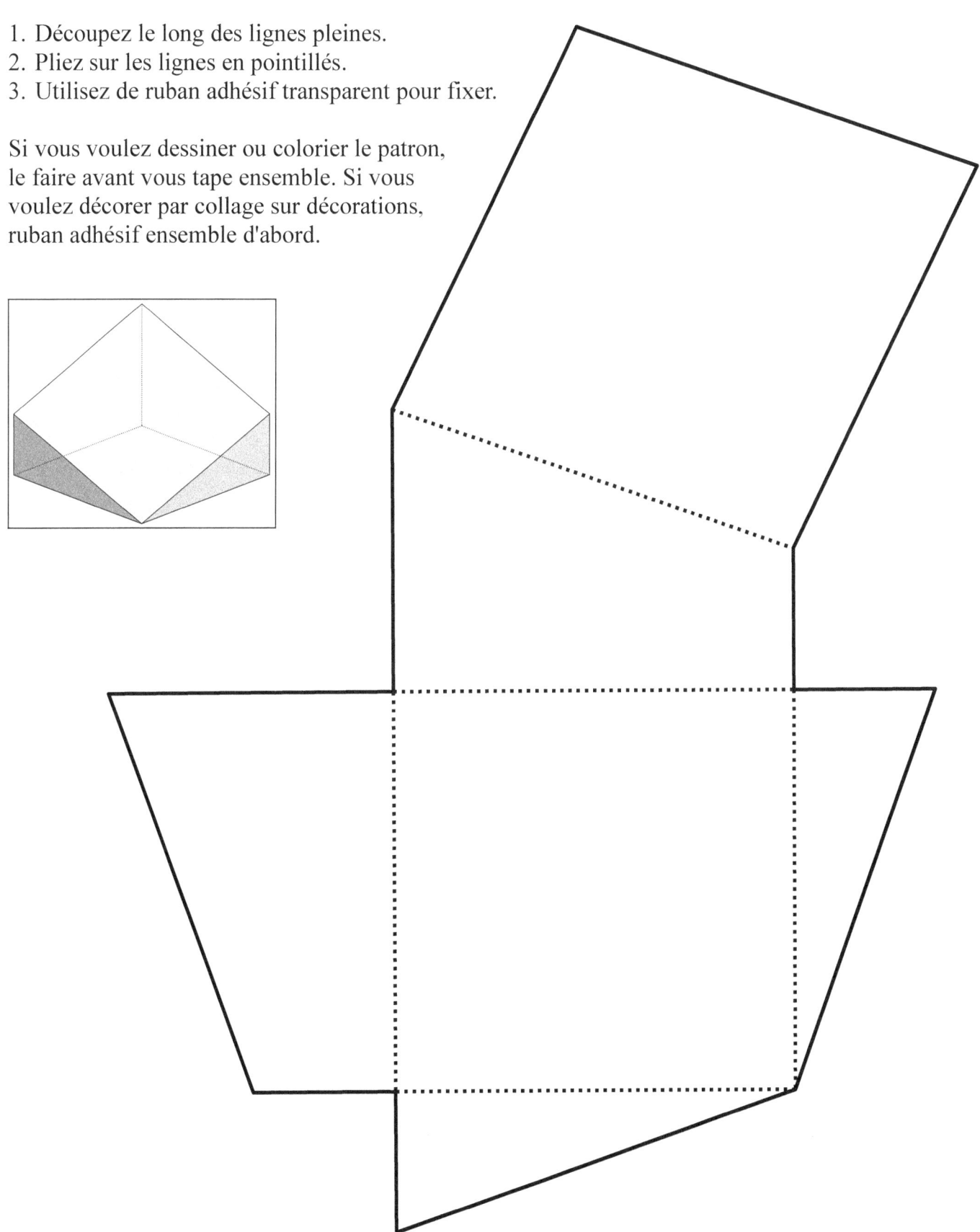

Hexaèdre 5,4,4,3,3,3

1. Découpez le long des lignes pleines.
2. Pliez sur les lignes en pointillés.
3. Utilisez de ruban adhésif transparent pour fixer.

Si vous voulez dessiner ou colorier le patron, le faire avant vous tape ensemble. Si vous voulez décorer par collage sur décorations, ruban adhésif ensemble d'abord.

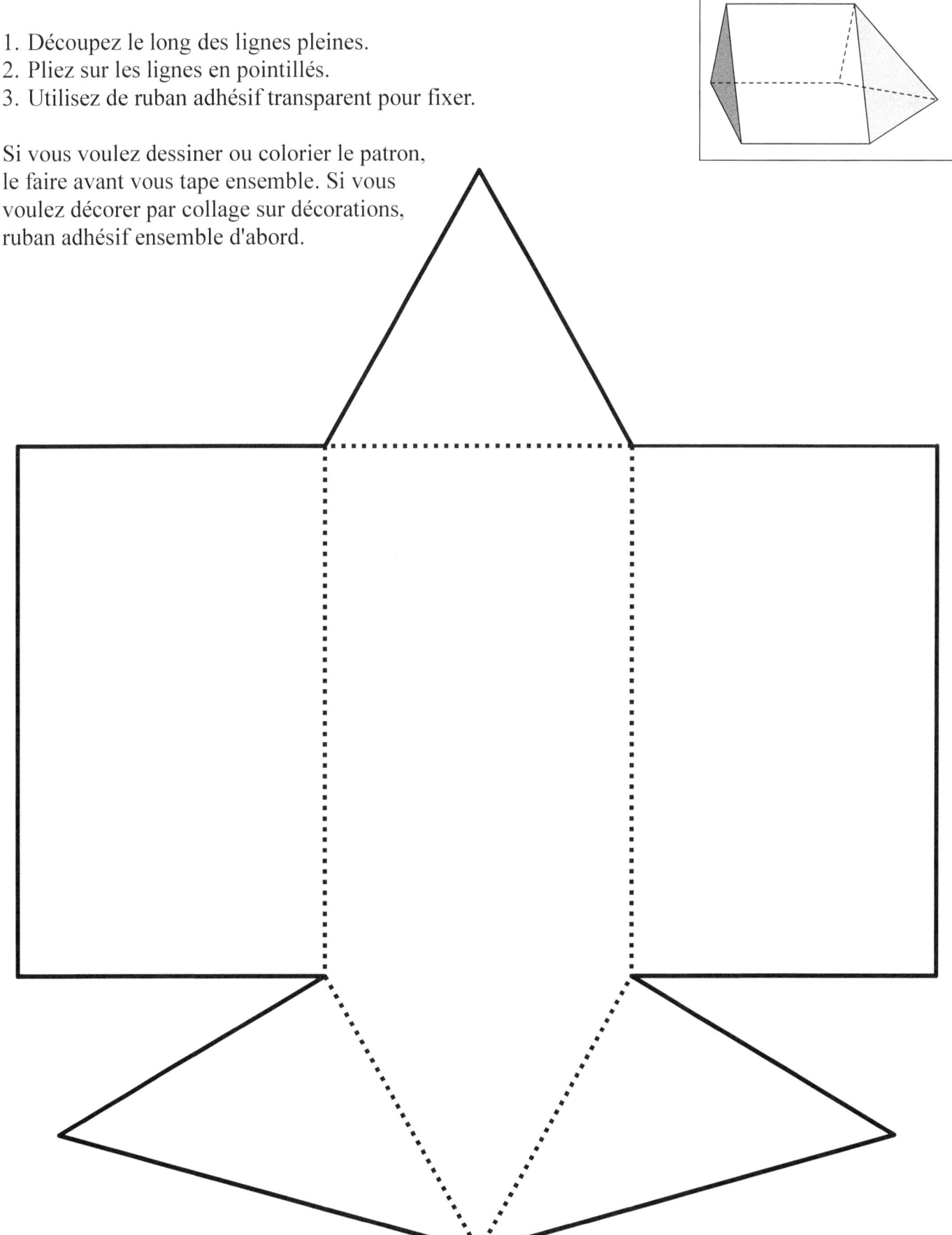

Patrons géométriques - Livre des projets par David E. McAdams

Droit d'auteur 2015 peuvent être copiés pour un usage éducatif accessoire, non-commercial. Voir notice de copyright pour plus d'informations.

Hexaèdre 5,5,4,4,3,3

1. Découpez le long des lignes pleines.
2. Pliez sur les lignes en pointillés.
3. Utilisez de ruban adhésif transparent pour fixer.

Si vous voulez dessiner ou colorier le patron, le faire avant vous tape ensemble. Si vous voulez décorer par collage sur décorations, ruban adhésif ensemble d'abord.

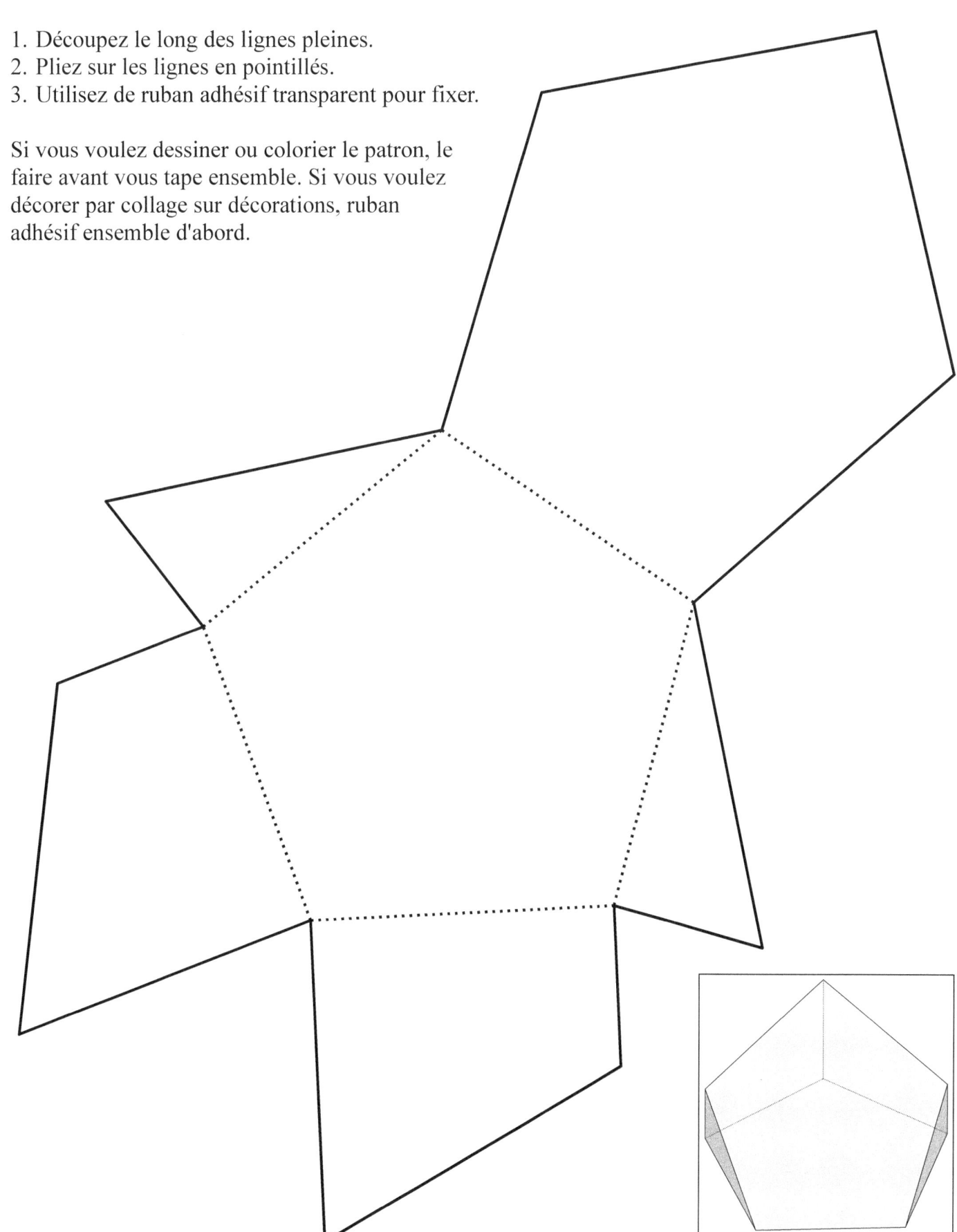

Patrons géométriques - Livre des projets par David E. McAdams

Icosaèdre régulier

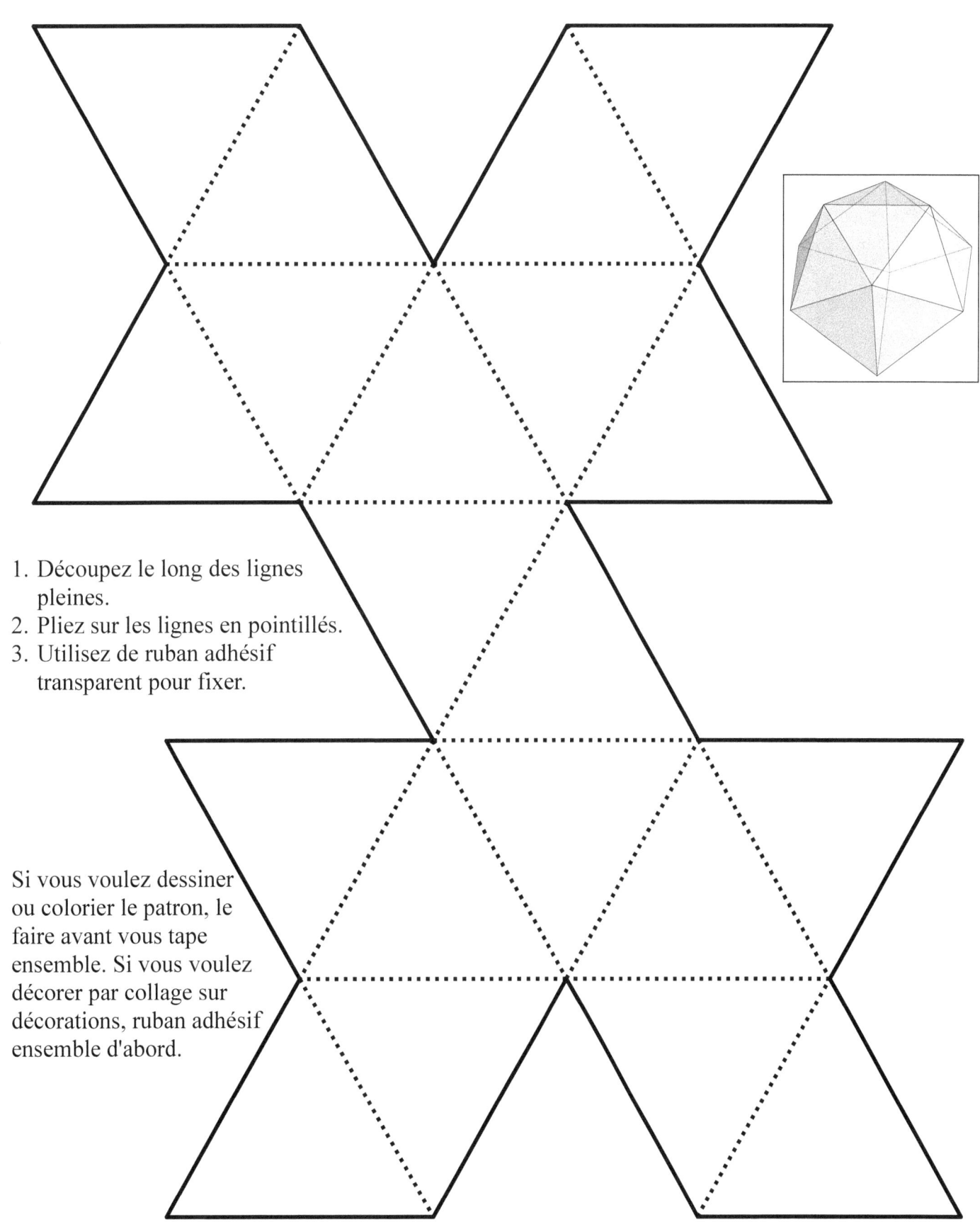

1. Découpez le long des lignes pleines.
2. Pliez sur les lignes en pointillés.
3. Utilisez de ruban adhésif transparent pour fixer.

Si vous voulez dessiner ou colorier le patron, le faire avant vous tape ensemble. Si vous voulez décorer par collage sur décorations, ruban adhésif ensemble d'abord.

Icosidodécaèdre

1. Découpez le long des lignes pleines.
2. Pliez sur les lignes en pointillés.
3. Utilisez de ruban adhésif transparent pour fixer.

Si vous voulez dessiner ou colorier le patron, le faire avant vous tape ensemble. Si vous voulez décorer par collage sur décorations, ruban adhésif ensemble d'abord.

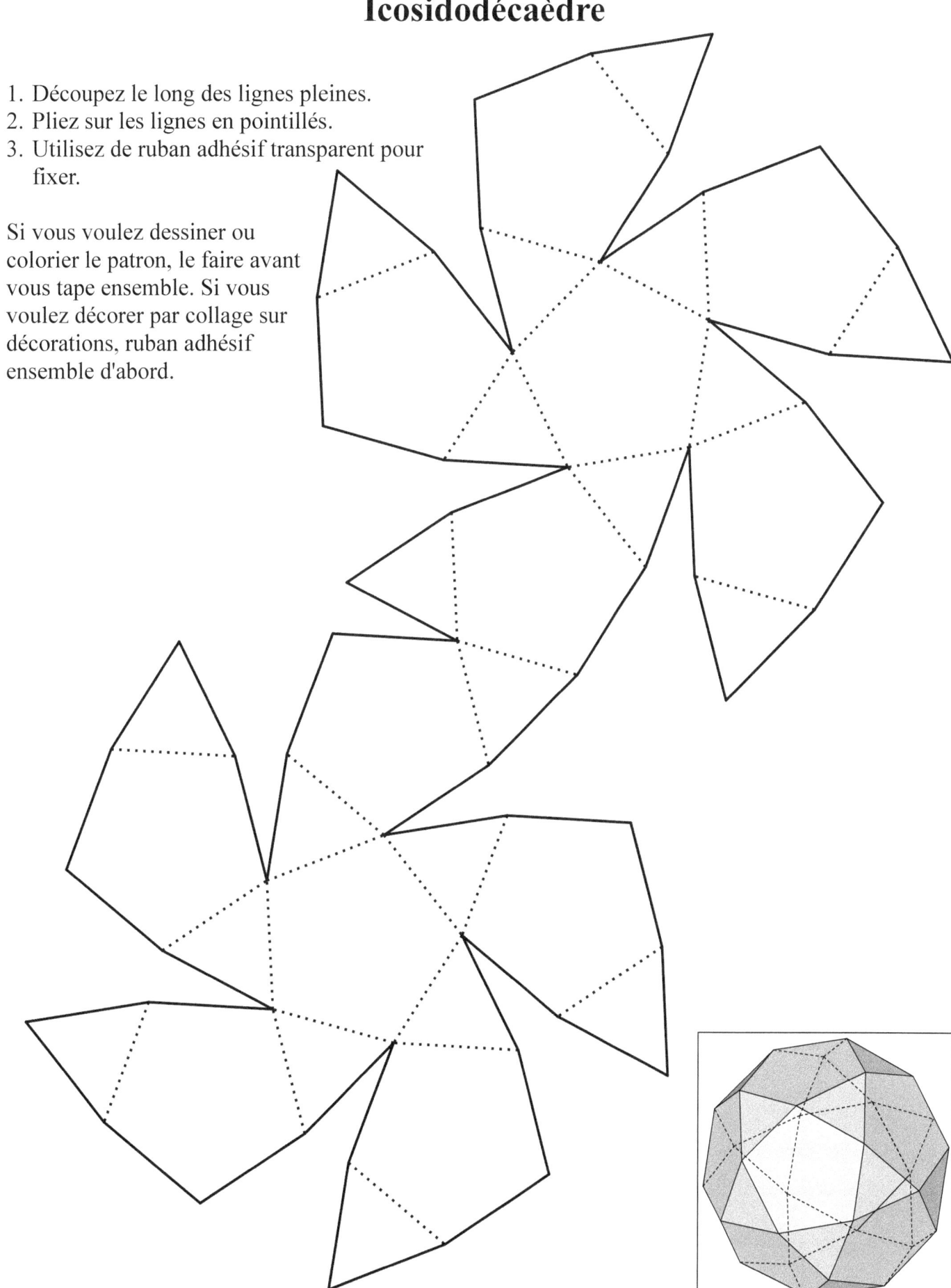

Patrons géométriques - Livre des projets par David E. McAdams

Droit d'auteur 2015 peuvent être copiés pour un usage éducatif accessoire, non-commercial. Voir notice de copyright pour plus d'informations.

Pyramide carrée oblique

1. Découpez le long des lignes pleines.
2. Pliez sur les lignes en pointillés.
3. Utilisez de ruban adhésif transparent pour fixer.

Si vous voulez dessiner ou colorier le patron, le faire avant vous tape ensemble. Si vous voulez décorer par collage sur décorations, ruban adhésif ensemble d'abord.

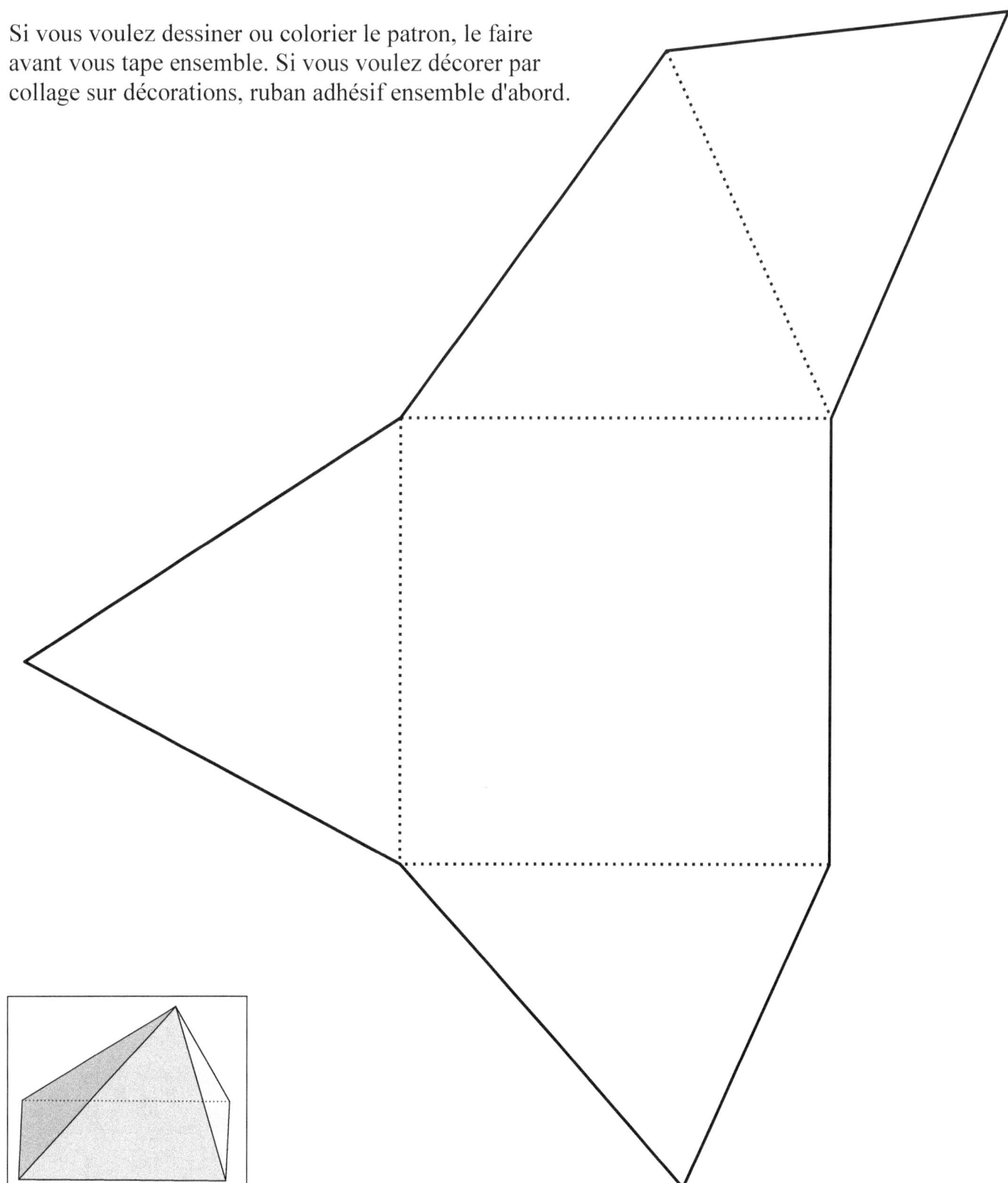

Antiprisme octogonal

1. Découpez le long des lignes pleines.
2. Pliez sur les lignes en pointillés.
3. Utilisez de ruban adhésif transparent pour fixer.

Si vous voulez dessiner ou colorier le patron, le faire avant vous tape ensemble. Si vous voulez décorer par collage sur décorations, ruban adhésif ensemble d'abord.

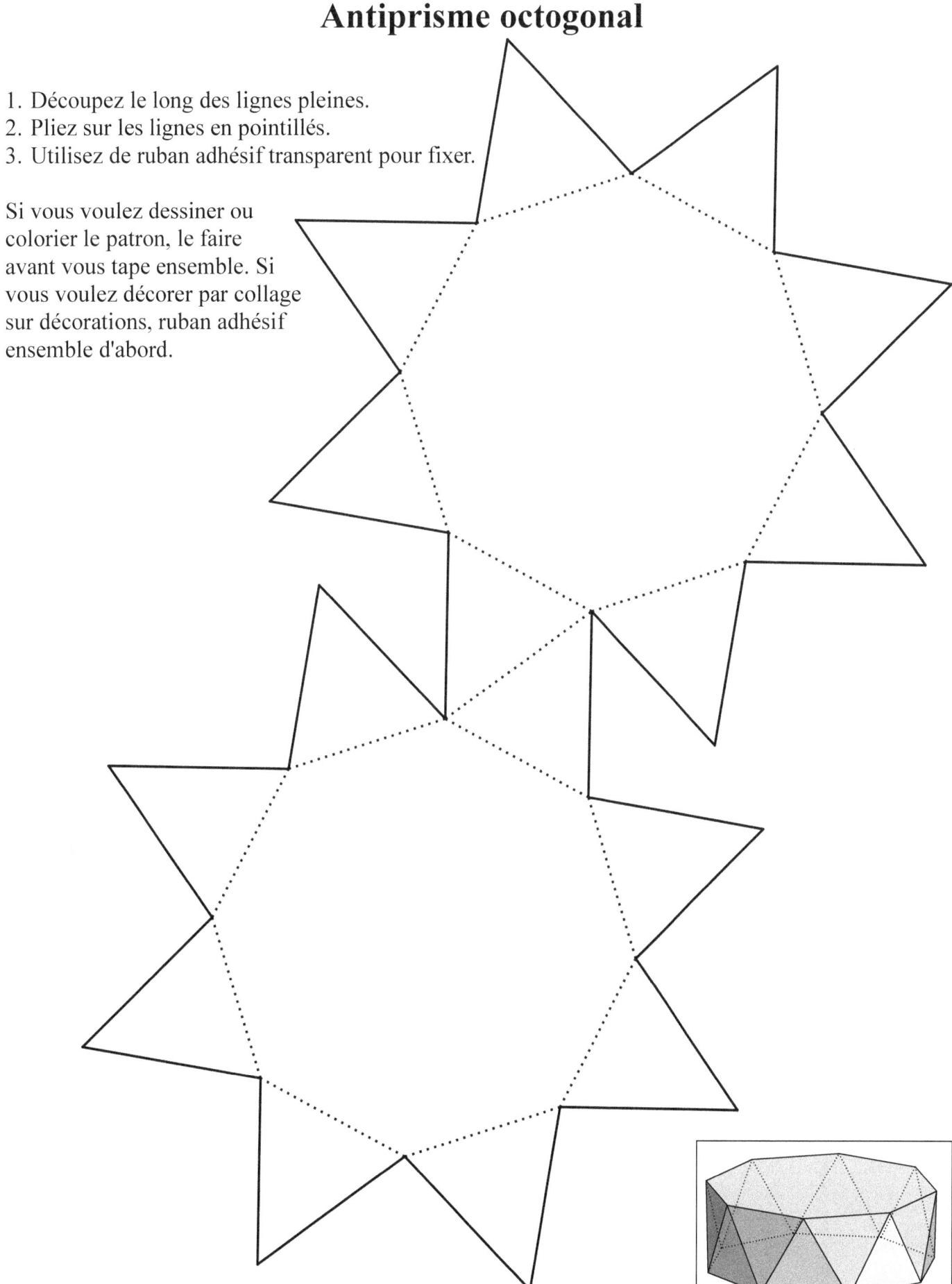

Octaèdre régulier

Ce polyèdre peut aussi être appelé un bipyramide carré.

1. Découpez le long des lignes pleines.
2. Pliez sur les lignes en pointillés.
3. Utilisez de ruban adhésif transparent pour fixer.

Si vous voulez dessiner ou colorier le patron, le faire avant vous tape ensemble. Si vous voulez décorer par collage sur décorations, ruban adhésif ensemble d'abord.

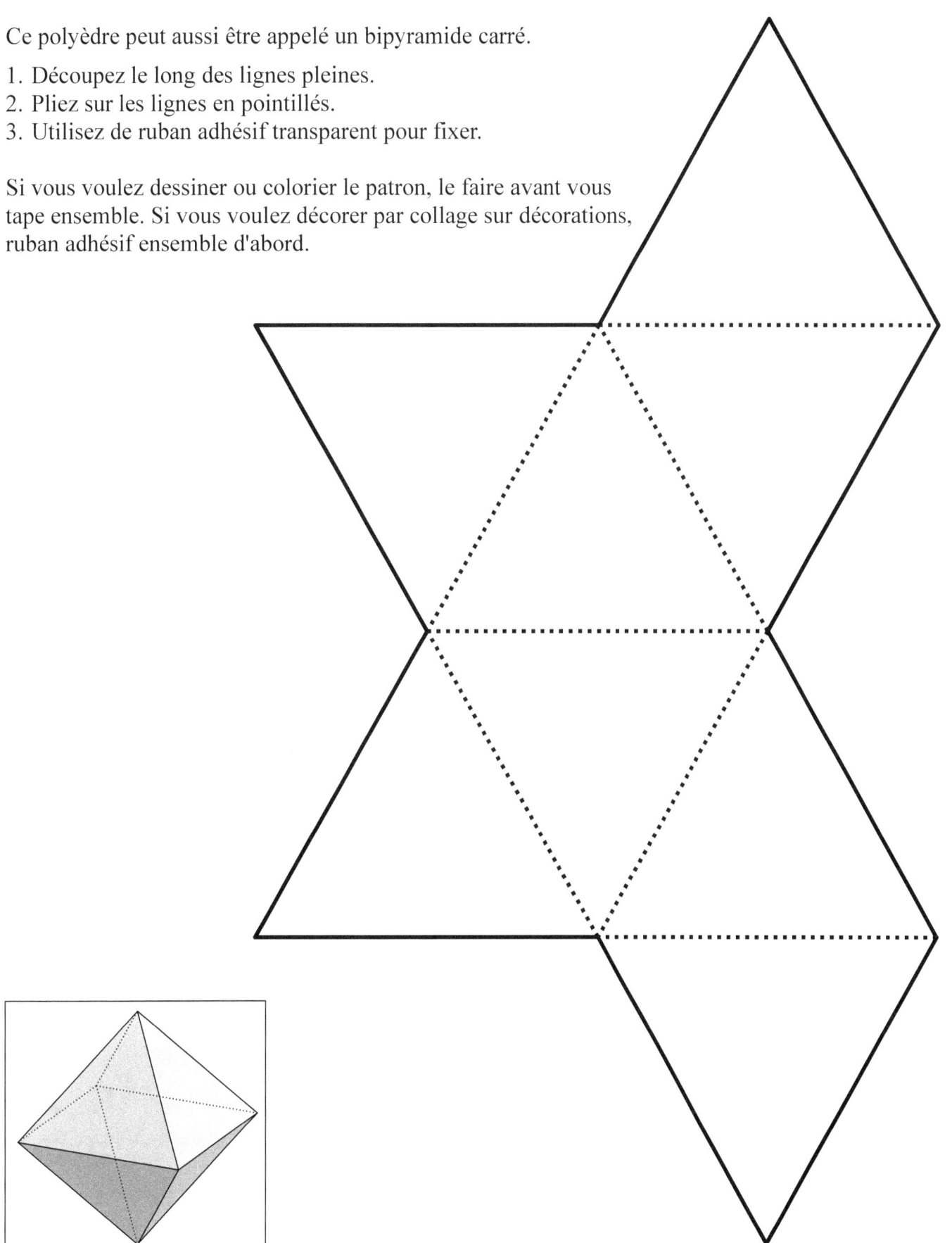

Patrons géométriques - Livre des projets par David E. McAdams

Antiprisme pentagonal

1. Découpez le long des lignes pleines.
2. Pliez sur les lignes en pointillés.
3. Utilisez de ruban adhésif transparent pour fixer.

Si vous voulez dessiner ou colorier le patron, le faire avant vous tape ensemble. Si vous voulez décorer par collage sur décorations, ruban adhésif ensemble d'abord.

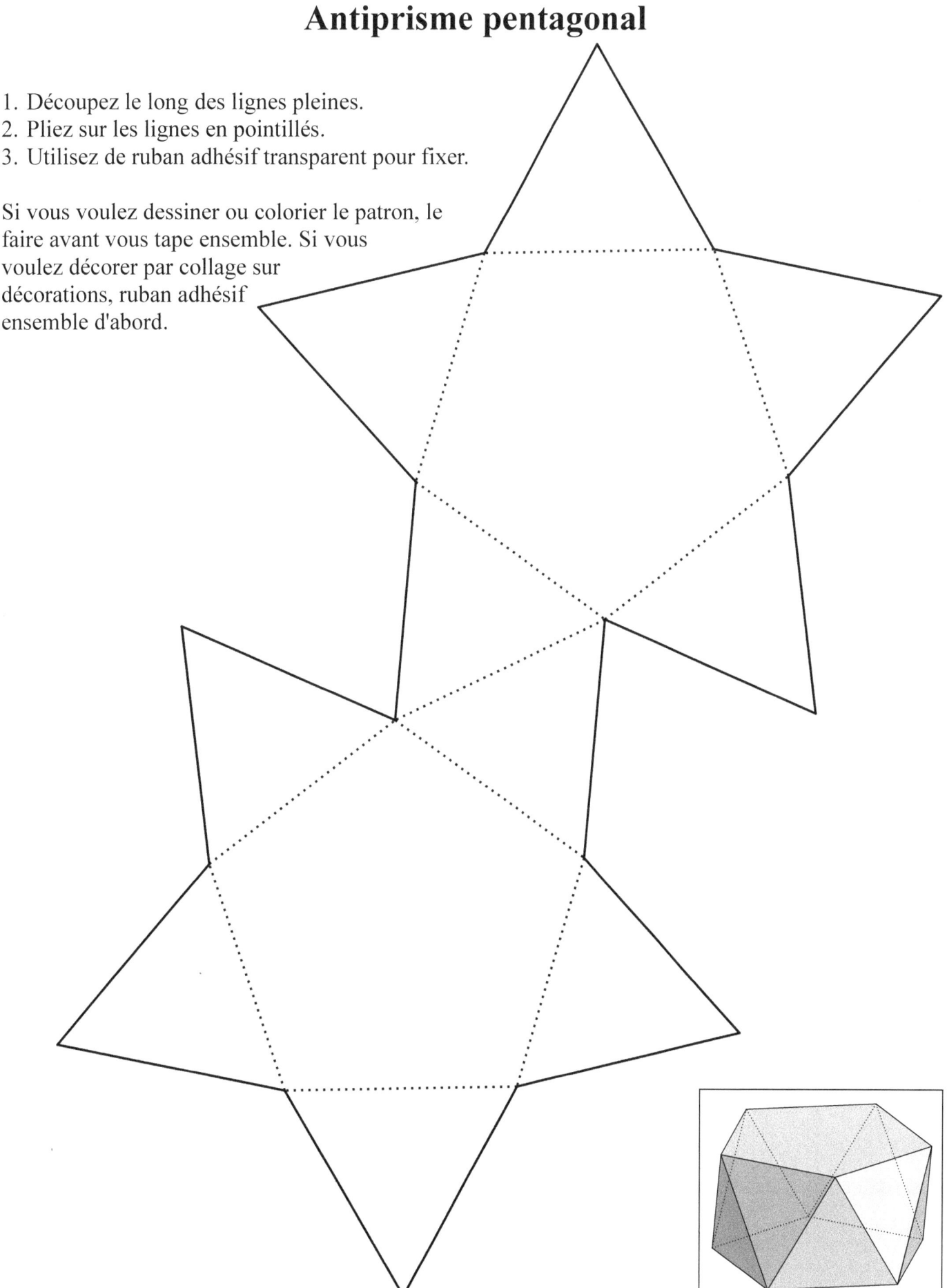

Patrons géométriques - Livre des projets par David E. McAdams

Droit d'auteur 2015 peuvent être copiés pour un usage éducatif accessoire, non-commercial. Voir notice de copyright pour plus d'informations.

Coupole décagonale

1. Découpez le long des lignes pleines.
2. Pliez sur les lignes en pointillés.
3. Utilisez de ruban adhésif transparent pour fixer.

Si vous voulez dessiner ou colorier le patron, le faire avant vous tape ensemble. Si vous voulez décorer par collage sur décorations, ruban adhésif ensemble d'abord.

Patrons géométriques - Livre des projets par David E. McAdams

Droit d'auteur 2015 peuvent être copiés pour un usage éducatif accessoire, non-commercial. Voir notice de copyright pour plus d'informations.

Diamant pentagonal

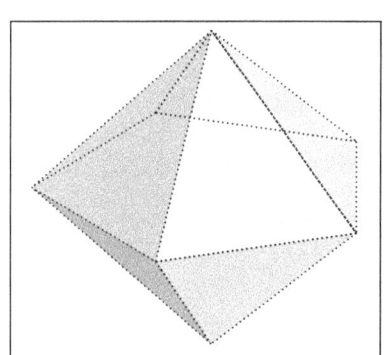

1. Découpez le long des lignes pleines.
2. Pliez sur les lignes en pointillés.
3. Utilisez de ruban adhésif transparent pour fixer.

Si vous voulez dessiner ou colorier le patron, le faire avant vous tape ensemble. Si vous voulez décorer par collage sur décorations, ruban adhésif ensemble d'abord.

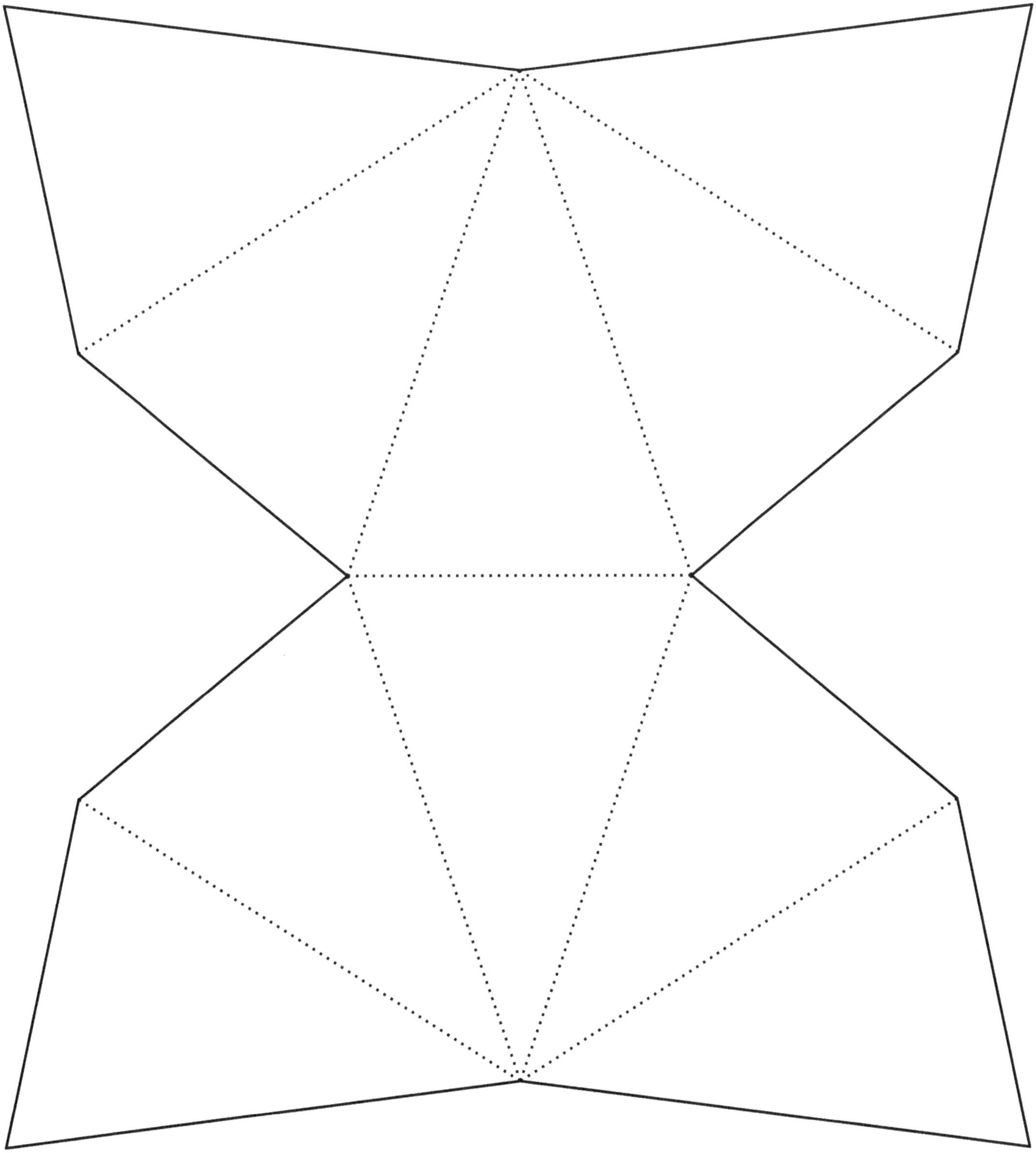

Patrons géométriques - Livre des projets par David E. McAdams

Prisme pentagonal

1. Découpez le long des lignes pleines.
2. Pliez sur les lignes en pointillés.
3. Utilisez de ruban adhésif transparent pour fixer.

Si vous voulez dessiner ou colorier le patron, le faire avant vous tape ensemble. Si vous voulez décorer par collage sur décorations, ruban adhésif ensemble d'abord.

Patrons géométriques - Livre des projets par David E. McAdams

Droit d'auteur 2015 peuvent être copiés pour un usage éducatif accessoire, non-commercial. Voir notice de copyright pour plus d'informations.

Pyramide pentagonale

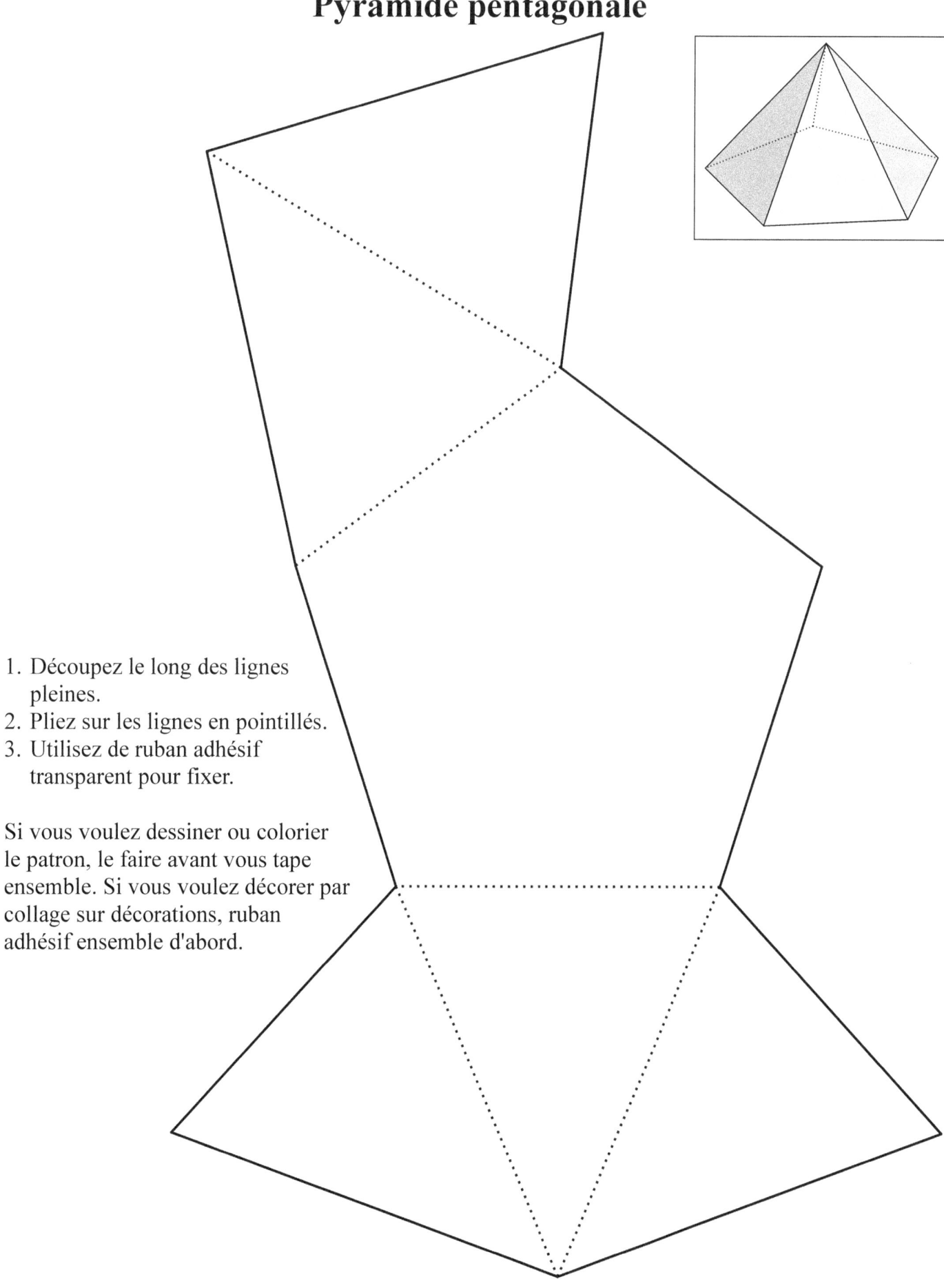

1. Découpez le long des lignes pleines.
2. Pliez sur les lignes en pointillés.
3. Utilisez de ruban adhésif transparent pour fixer.

Si vous voulez dessiner ou colorier le patron, le faire avant vous tape ensemble. Si vous voulez décorer par collage sur décorations, ruban adhésif ensemble d'abord.

Patrons géométriques - Livre des projets par David E. McAdams

Droit d'auteur 2015 peuvent être copiés pour un usage éducatif accessoire, non-commercial. Voir notice de copyright pour plus d'informations.

Rotonde décagonale

1. Découpez le long des lignes pleines.
2. Pliez sur les lignes en pointillés.
3. Utilisez de ruban adhésif transparent pour fixer.

Si vous voulez dessiner ou colorier le patron, le faire avant vous tape ensemble. Si vous voulez décorer par collage sur décorations, ruban adhésif ensemble d'abord.

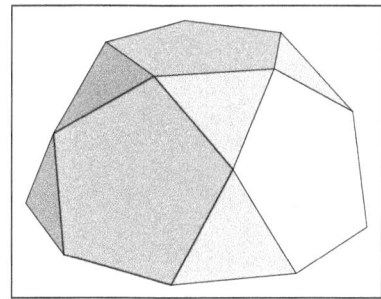

Prisme pentagrammique

1. Découpez le long des lignes pleines.
2. Pliez sur les lignes en pointillés.
3. Utilisez de ruban adhésif transparent pour fixer.

Si vous voulez dessiner ou colorier le patron, le faire avant vous tape ensemble. Si vous voulez décorer par collage sur décorations, ruban adhésif ensemble d'abord.

Patrons géométriques - Livre des projets par David E. McAdams
Droit d'auteur 2015 peuvent être copiés pour un usage éducatif accessoire, non-commercial. Voir notice de copyright pour plus d'informations.

Prisme pentagrammique

1. Découpez le long des lignes pleines.
2. Pliez sur les lignes en pointillés.
3. Utilisez de ruban adhésif transparent pour fixer.

Si vous voulez dessiner ou colorier le patron, le faire avant vous tape ensemble. Si vous voulez décorer par collage sur décorations, ruban adhésif ensemble d'abord.

Patrons géométriques - Livre des projets par David E. McAdams

Pyramide rectangulaire

1. Découpez le long des lignes pleines.
2. Pliez sur les lignes en pointillés.
3. Utilisez de ruban adhésif transparent pour fixer.

Si vous voulez dessiner ou colorier le patron, le faire avant vous tape ensemble. Si vous voulez décorer par collage sur décorations, ruban adhésif ensemble d'abord.

Patrons géométriques - Livre des projets par David E. McAdams

Prisme losange

1. Découpez le long des lignes pleines.
2. Pliez sur les lignes en pointillés.
3. Utilisez de ruban adhésif transparent pour fixer.

Si vous voulez dessiner ou colorier le patron, le faire avant vous tape ensemble. Si vous voulez décorer par collage sur décorations, ruban adhésif ensemble d'abord.

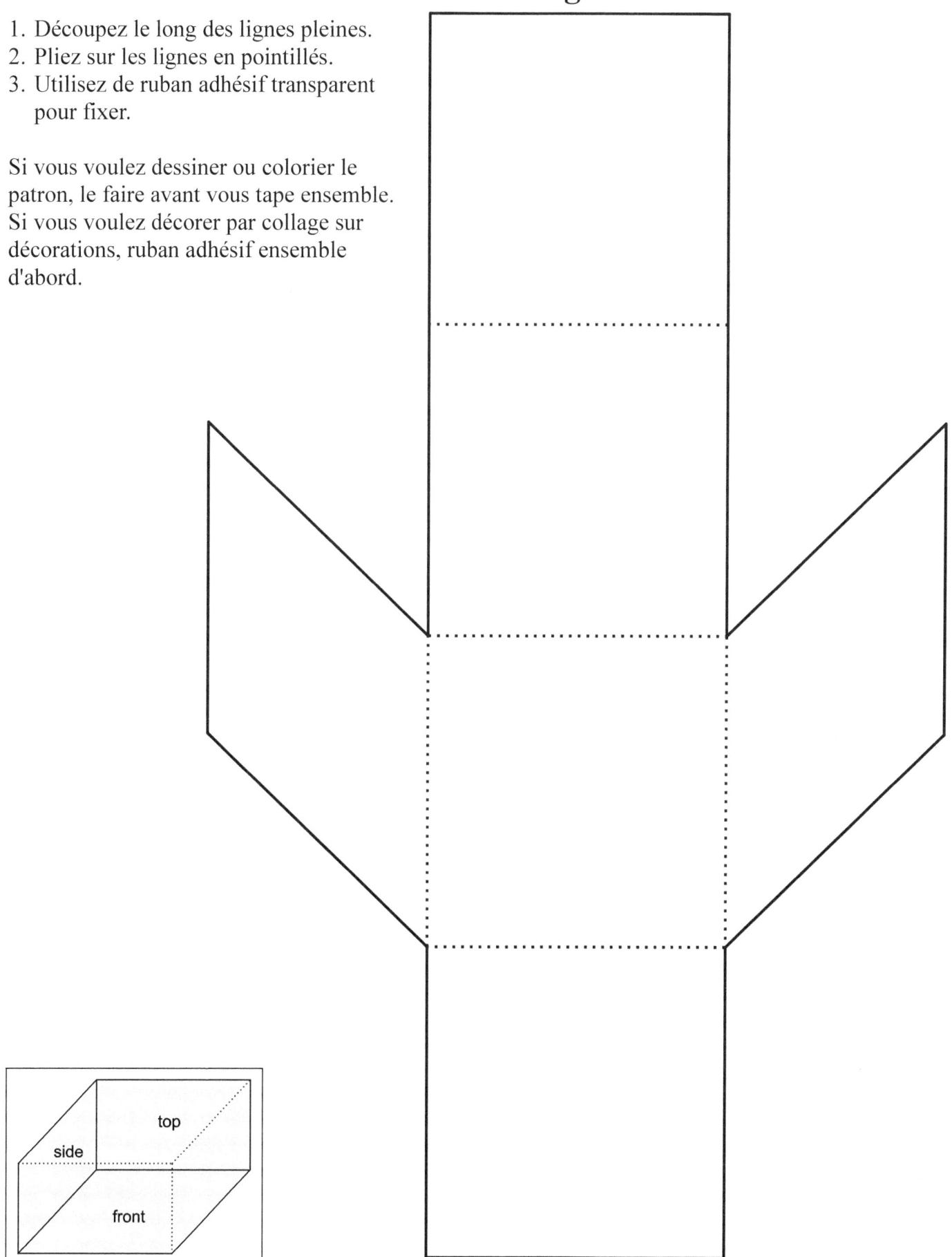

Patrons géométriques - Livre des projets par David E. McAdams

Droit d'auteur 2015 peuvent être copiés pour un usage éducatif accessoire, non-commercial. Voir notice de copyright pour plus d'informations.

Petit rhombicuboctaèdre

1. Découpez le long des lignes pleines.
2. Pliez sur les lignes en pointillés.
3. Utilisez de ruban adhésif transparent pour fixer.

Si vous voulez dessiner ou colorier le patron, le faire avant vous tape ensemble. Si vous voulez décorer par collage sur décorations, ruban adhésif ensemble d'abord.

Petit rhombidodécaèdre

1. Découpez le long des lignes pleines.
2. Pliez sur les lignes en pointillés.
3. Utilisez de ruban adhésif transparent pour fixer.

Si vous voulez dessiner ou colorier le patron, le faire avant vous tape ensemble. Si vous voulez décorer par collage sur décorations, ruban adhésif ensemble d'abord.

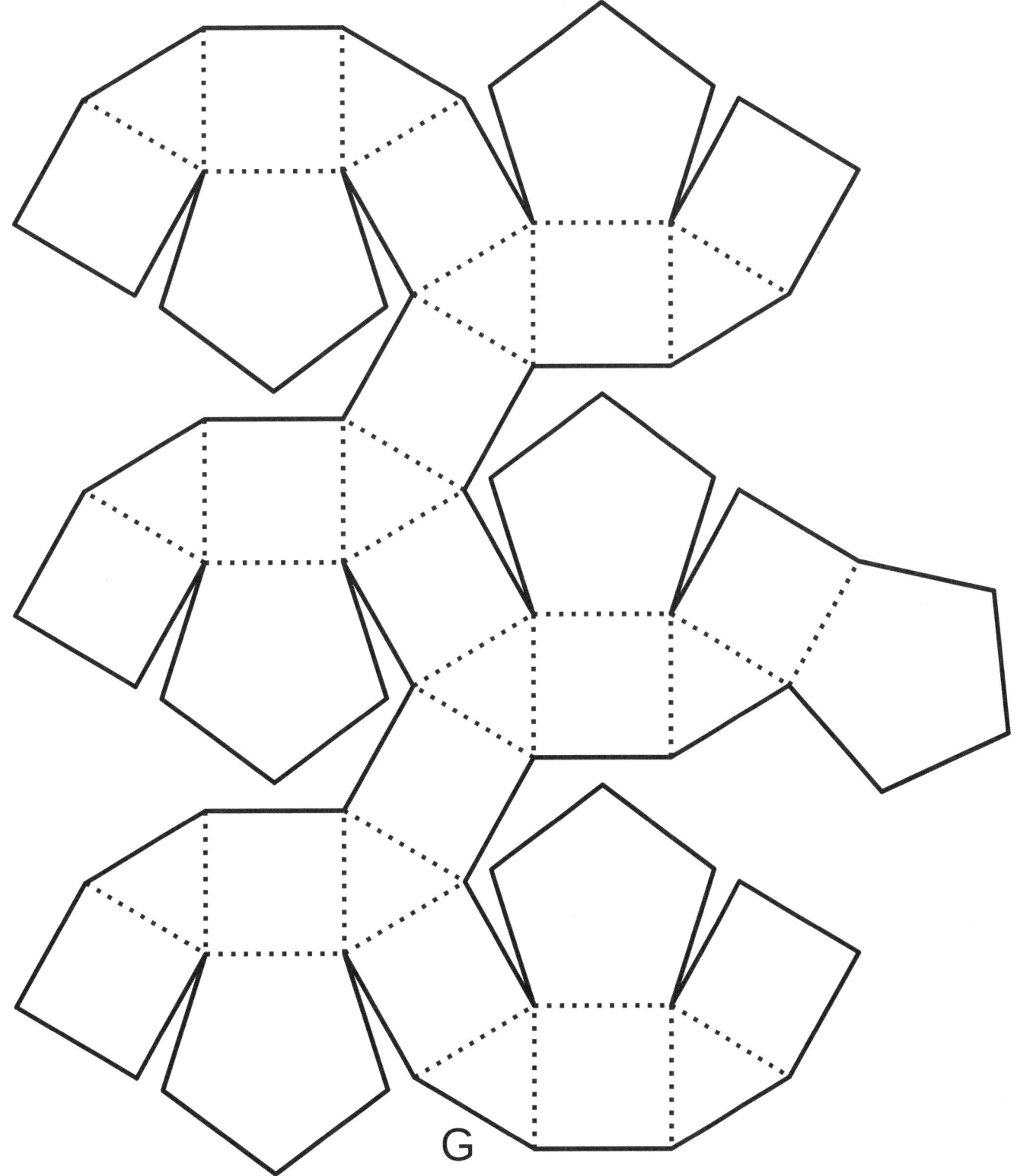

Patrons géométriques - Livre des projets par David E. McAdams

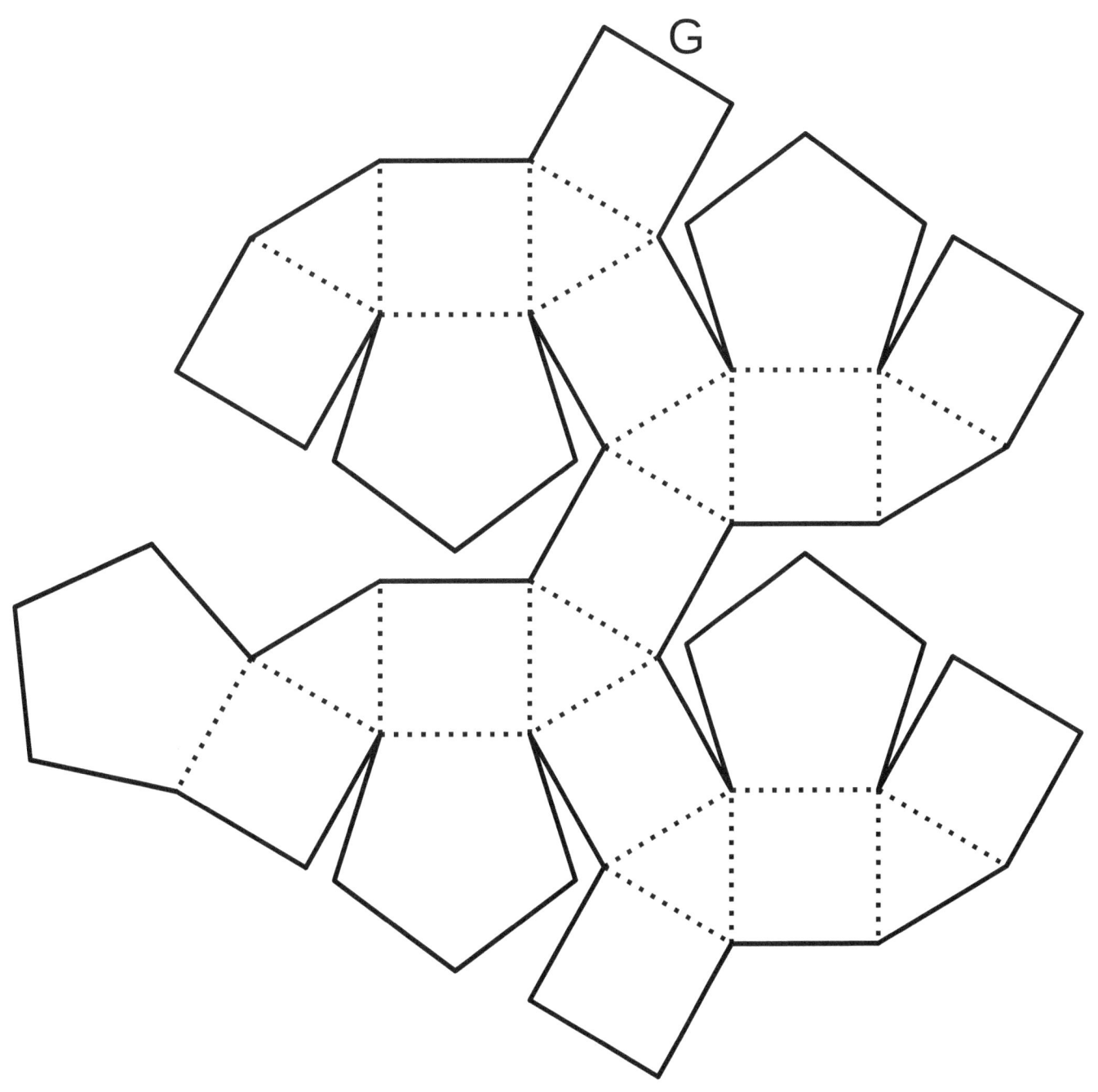

Petit dodécaèdre étoilé

1. Ceci est une patron en deux parties. Copiez cette page et la suivante.
2. Découpez deux formes le long des lignes pleines.
3. Collez les deux formes ensemble à le segment de ligne intitulée «A».
4. Pliez sur les lignes en pointillés.
5. Pliez vers l'arrière sur les lignes tiretées.
6. Utilisez de ruban adhésif transparent pour fixer.

Si vous voulez dessiner ou colorier le patron, le faire avant vous tape ensemble. Si vous voulez décorer par collage sur décorations, ruban adhésif ensemble d'abord.

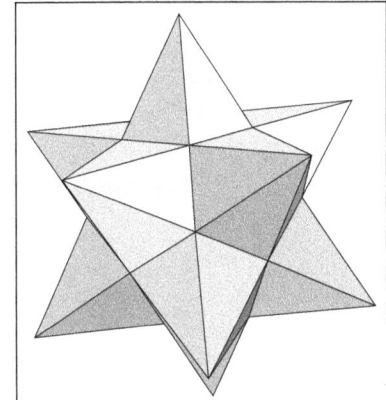
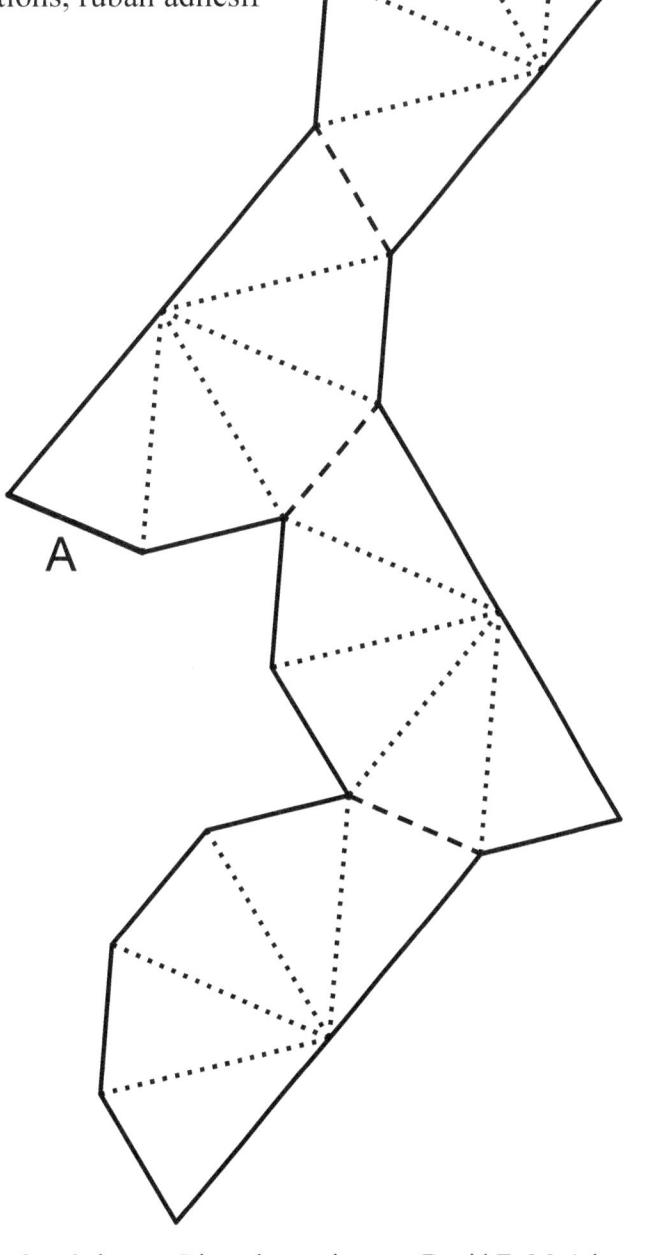

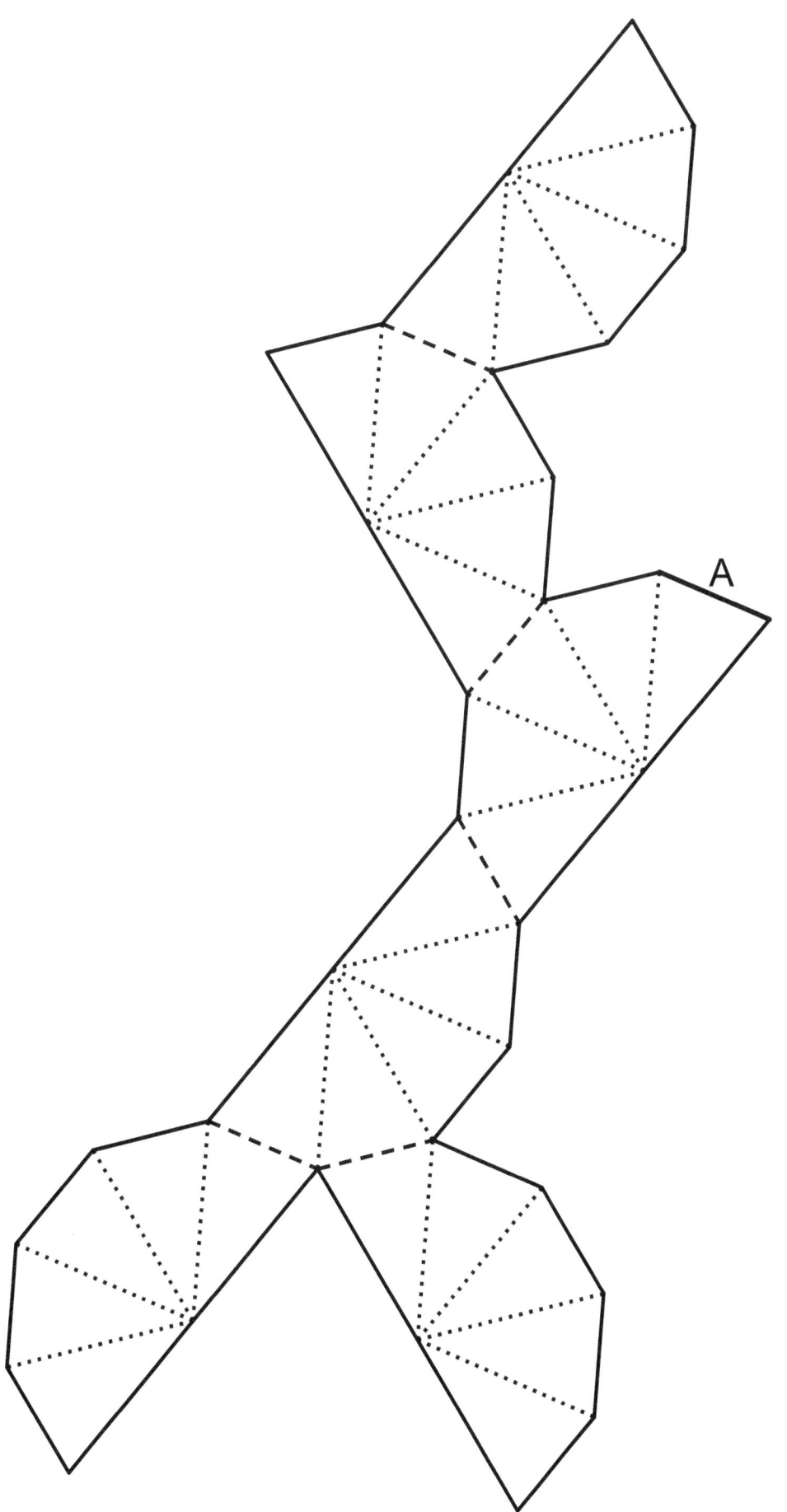

Cube adouci

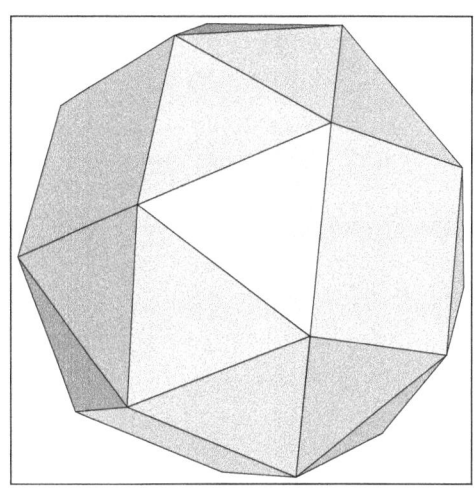

1. Découpez le long des lignes pleines.
2. Pliez sur les lignes en pointillés.
3. Utilisez de ruban adhésif transparent pour fixer.

Si vous voulez dessiner ou colorier le patron, le faire avant vous tape ensemble. Si vous voulez décorer par collage sur décorations, ruban adhésif ensemble d'abord.

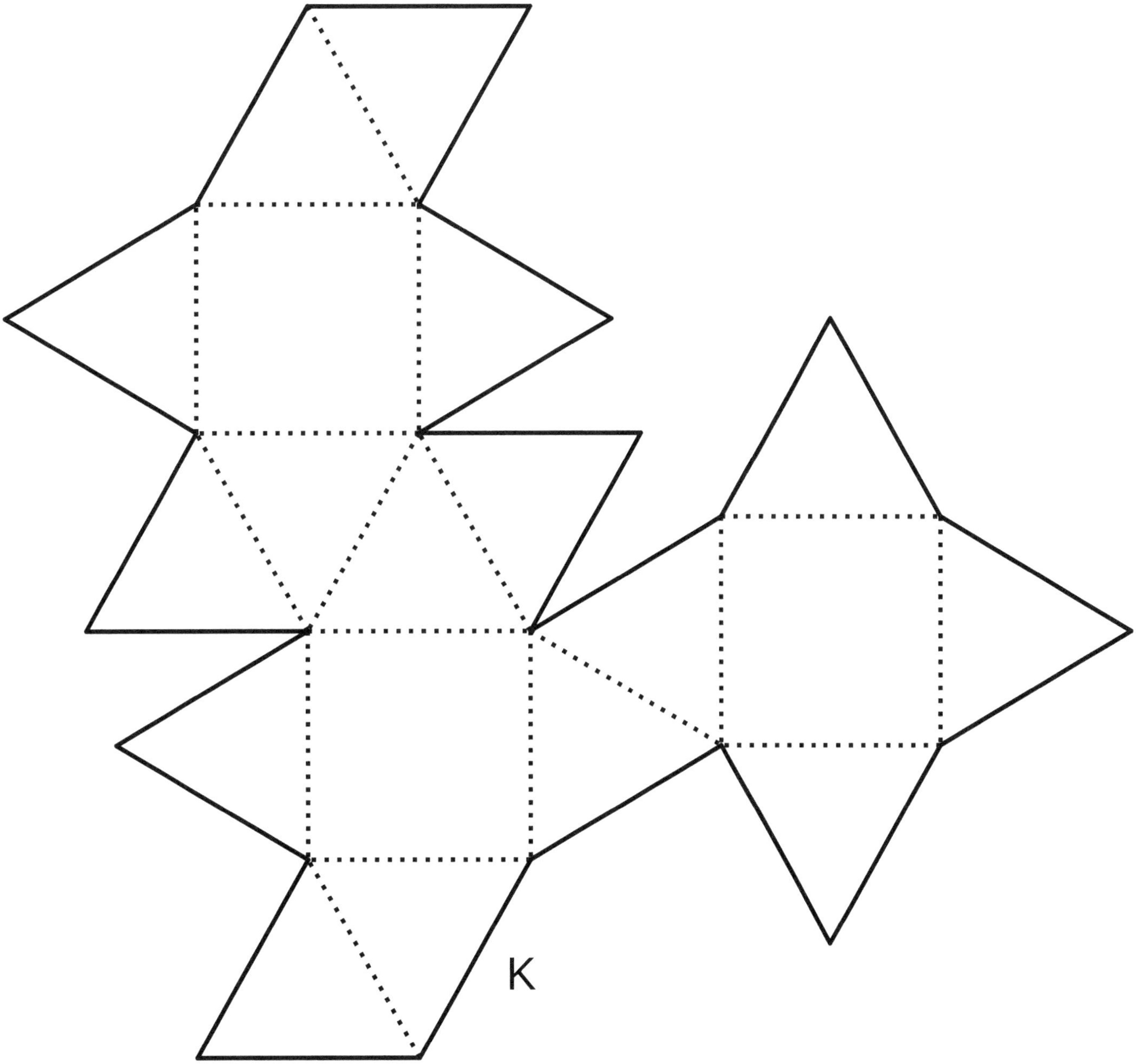

K

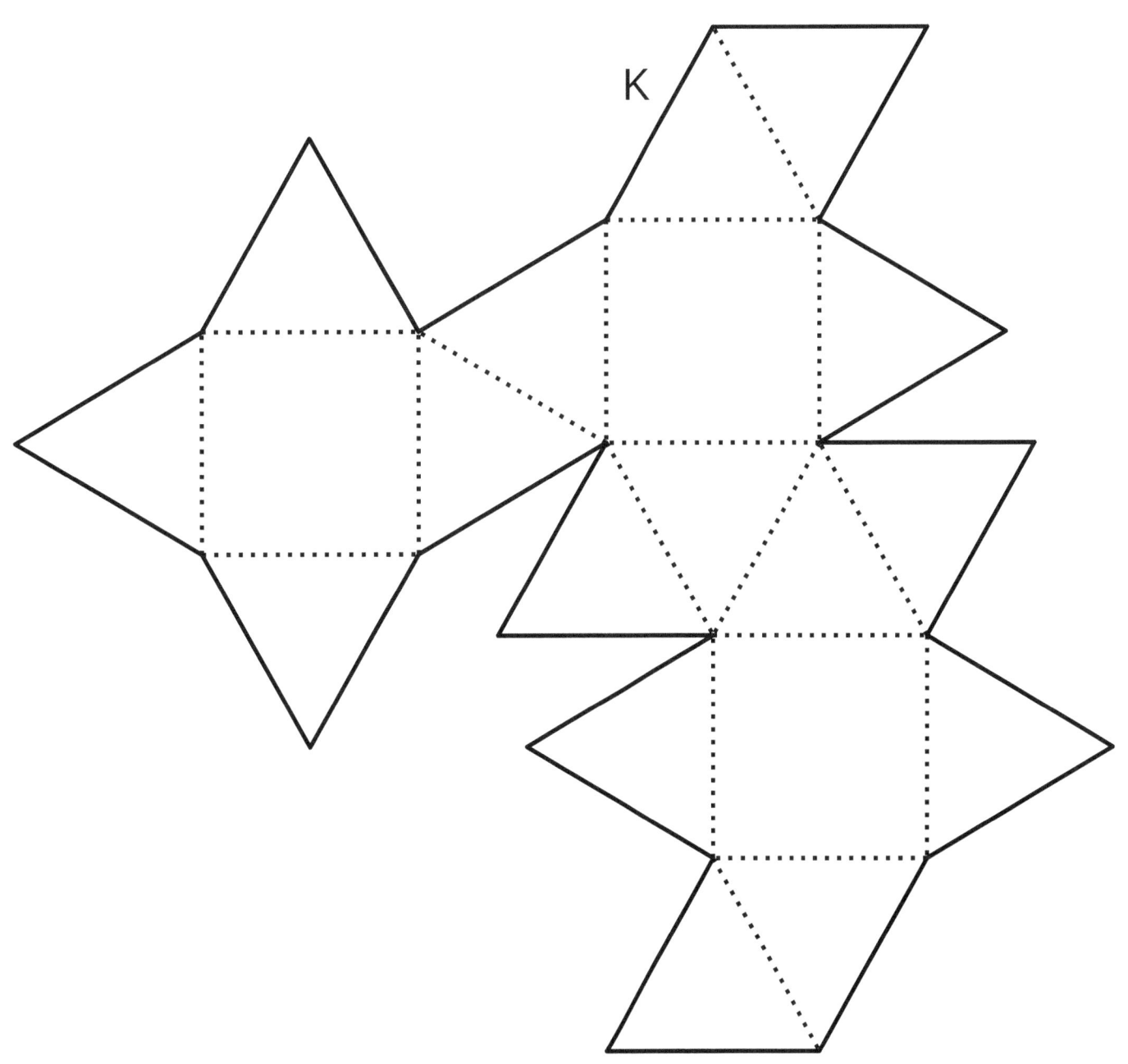

Dodécaèdre adouci

1. Cette patron est divisé en deux parties. Faire une copie de cette page et l'un de la prochaine.
2. Découpez le long des lignes pleines.
3. Fixer les deux parties avec du ruban adhésif transparent sur le segment étiqueté 'Z'.
4. Pliez sur les lignes en pointillés.
5. Utilisez de ruban adhésif transparent pour fixer.

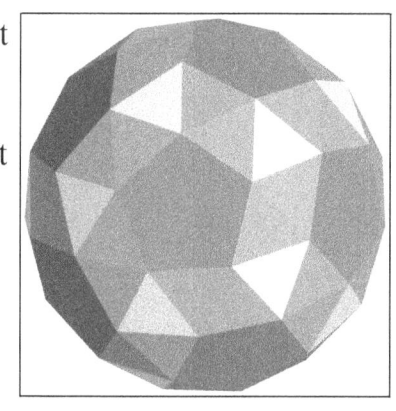

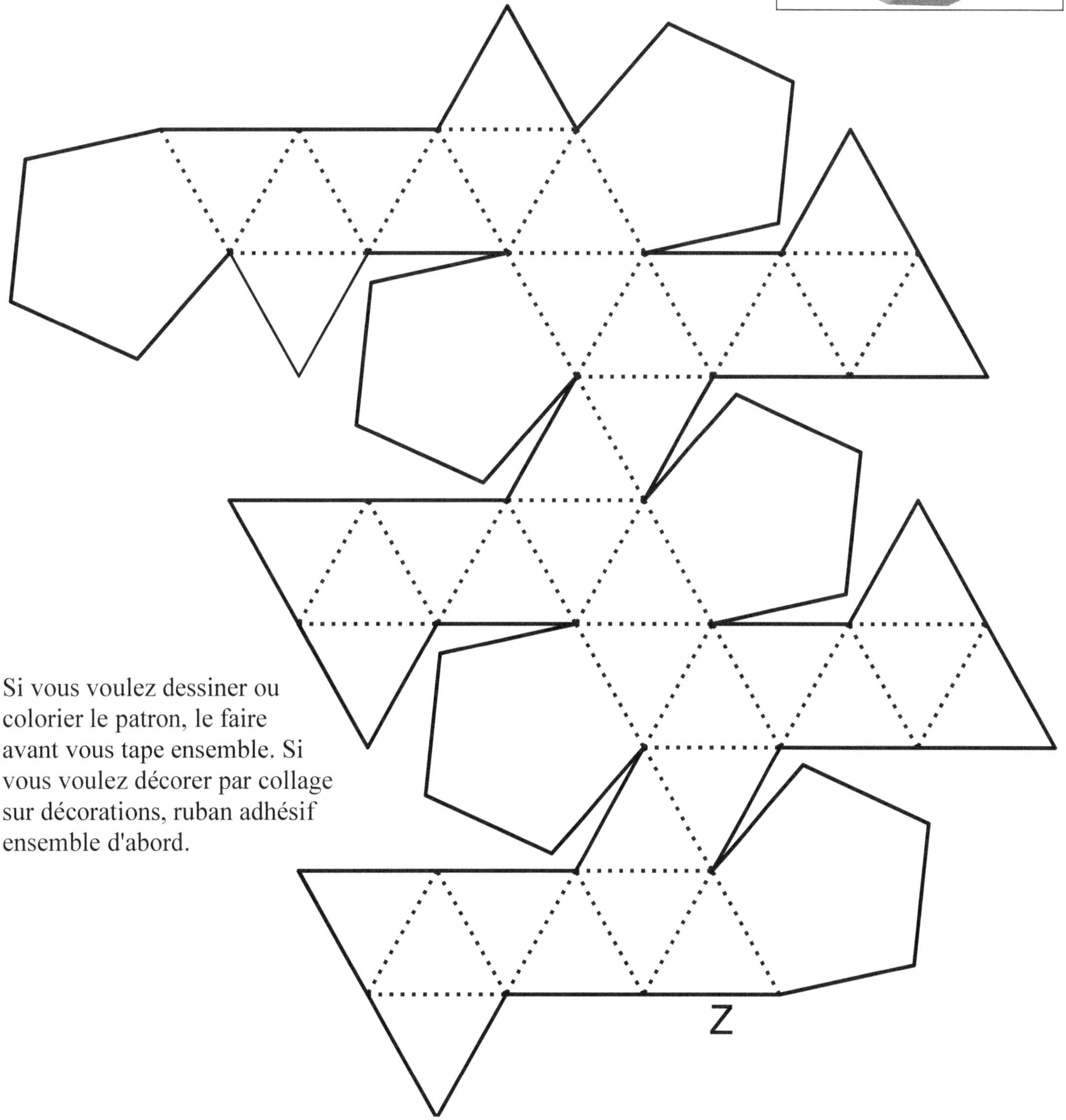

Si vous voulez dessiner ou colorier le patron, le faire avant vous tape ensemble. Si vous voulez décorer par collage sur décorations, ruban adhésif ensemble d'abord.

Z

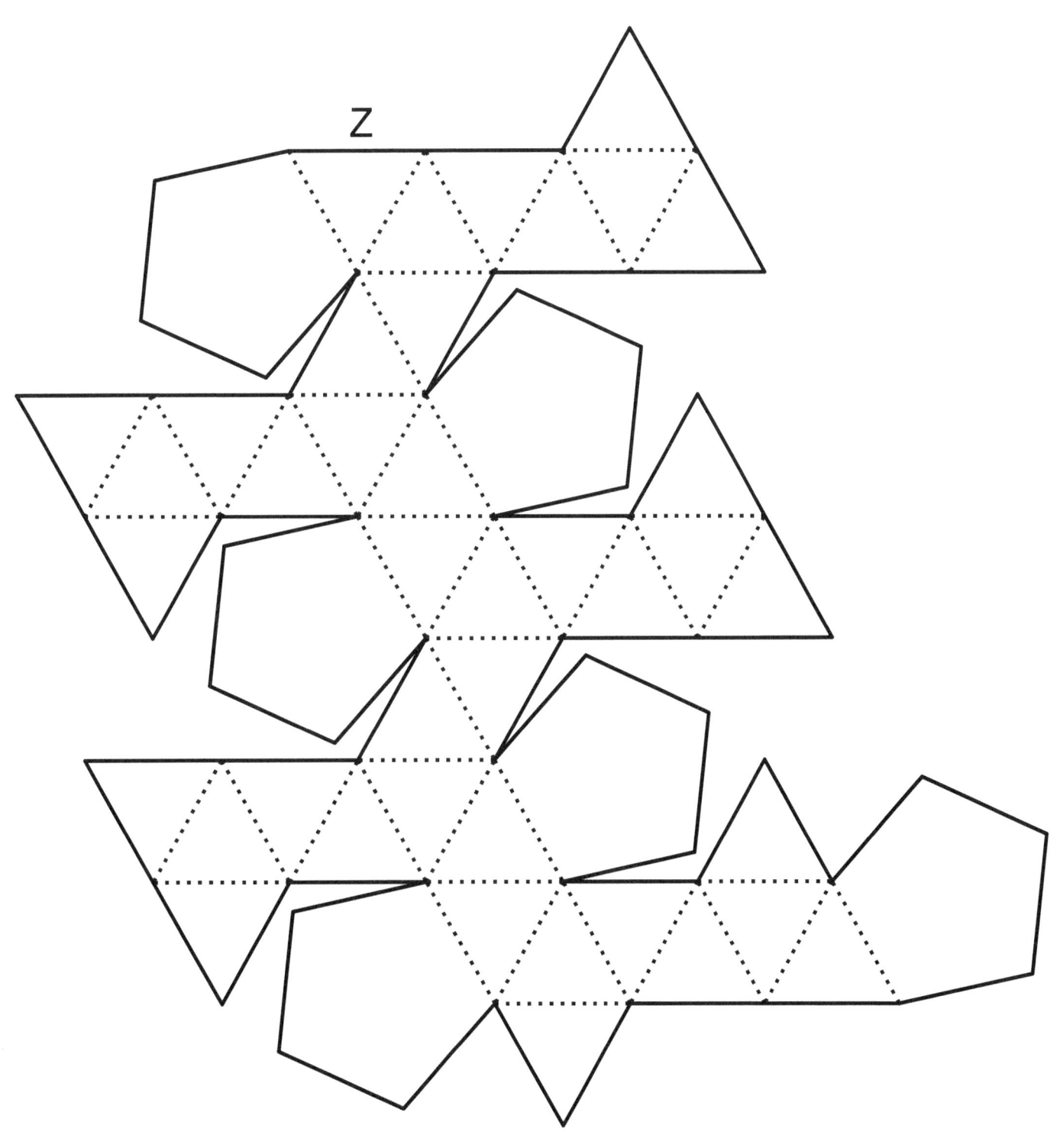

Antiprisme carré

1. Découpez le long des lignes pleines.
2. Pliez sur les lignes en pointillés.
3. Utilisez de ruban adhésif transparent pour fixer.

Si vous voulez dessiner ou colorier le patron, le faire avant vous tape ensemble. Si vous voulez décorer par collage sur décorations, ruban adhésif ensemble d'abord.

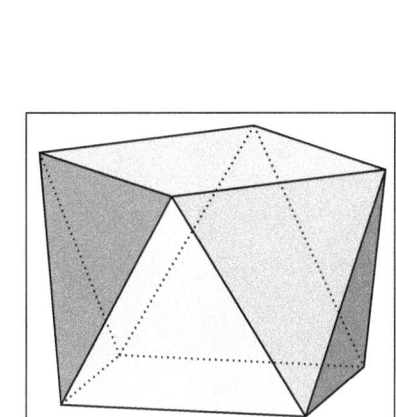

Patrons géométriques - Livre des projets par David E. McAdams

Droit d'auteur 2015 peuvent être copiés pour un usage éducatif accessoire, non-commercial. Voir notice de copyright pour plus d'informations.

Coupole octogonale

1. Découpez le long des lignes pleines.
2. Pliez sur les lignes en pointillés.
3. Utilisez de ruban adhésif transparent pour fixer.

Si vous voulez dessiner ou colorier le patron, le faire avant vous tape ensemble. Si vous voulez décorer par collage sur décorations, ruban adhésif ensemble d'abord.

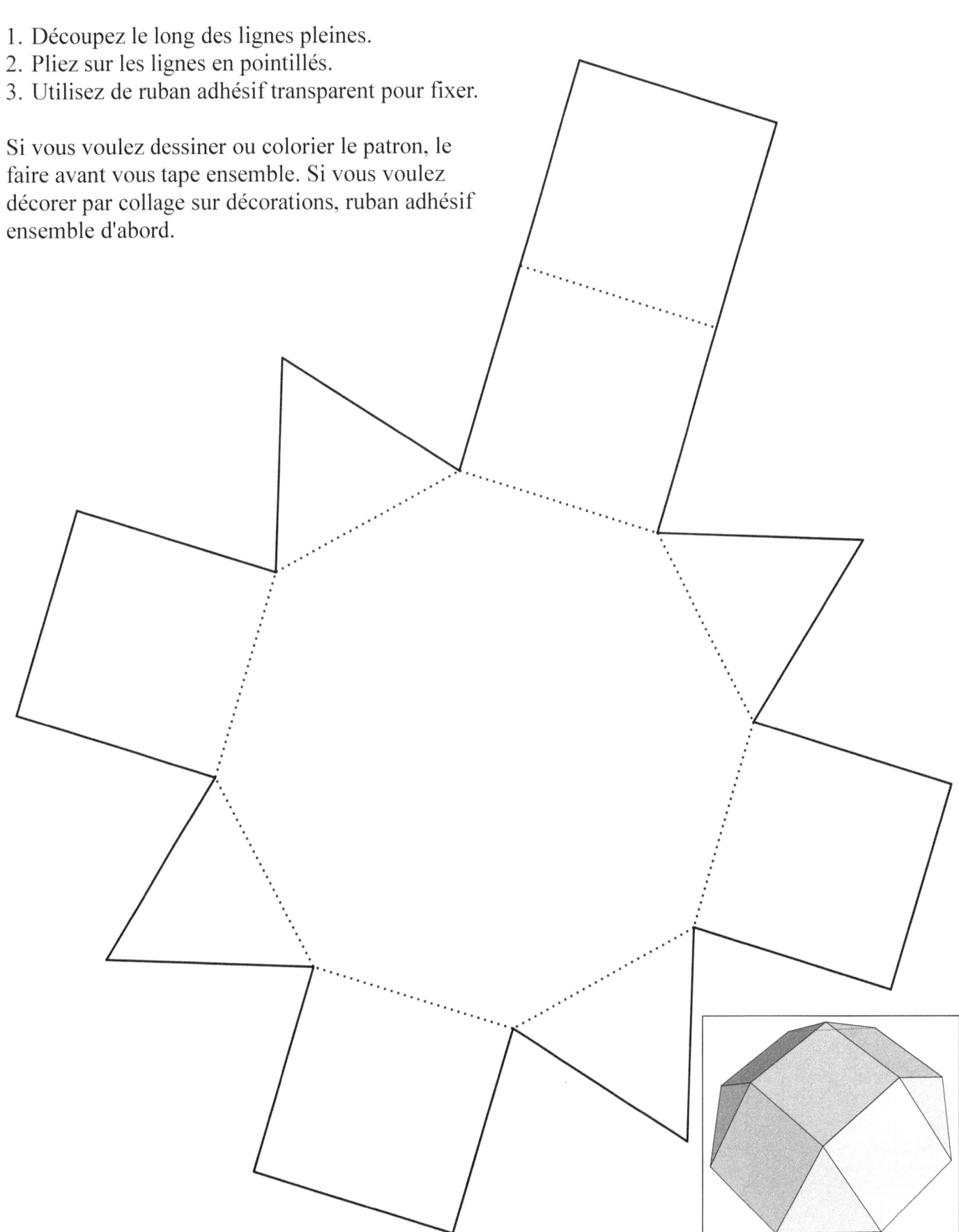

Pyramide à base carrée

1. Découpez le long des lignes pleines.
2. Pliez sur les lignes en pointillés.
3. Utilisez de ruban adhésif transparent pour fixer.

Si vous voulez dessiner ou colorier le patron, le faire avant vous tape ensemble. Si vous voulez décorer par collage sur décorations, ruban adhésif ensemble d'abord.

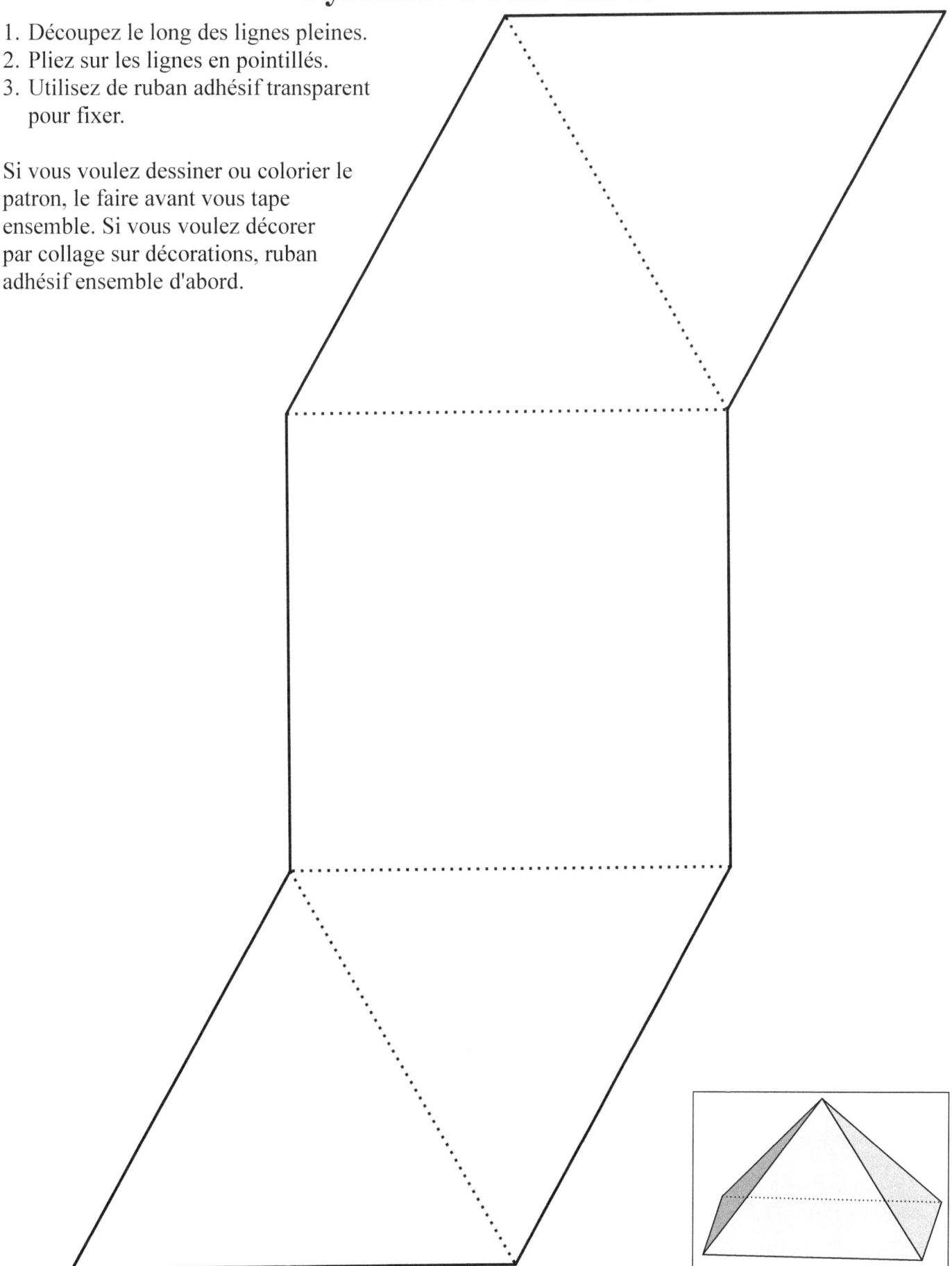

Patrons géométriques - Livre des projets par David E. McAdams

Droit d'auteur 2015 peuvent être copiés pour un usage éducatif accessoire, non-commercial. Voir notice de copyright pour plus d'informations.

Antidiamant à base carrée

1. Découpez le long des lignes pleines.
2. Pliez sur les lignes en pointillés.
3. Utilisez de ruban adhésif transparent pour fixer.

Si vous voulez dessiner ou colorier le patron, le faire avant vous tape ensemble. Si vous voulez décorer par collage sur décorations, ruban adhésif ensemble d'abord.

Octangle étoilé

1. Découpez le long des lignes pleines.
2. Pliez en avant sur les lignes pointillées.
3. Plier en arrière sur les lignes pointillé et tiretées.
4. Utilisez de ruban adhésif transparent pour fixer.

Si vous voulez dessiner ou colorier le net, le faire avant vous tape ensemble.
Si vous voulez décorer par collage sur les décorations, ruban adhésif ensemble d'abord.

Patrons géométriques - Livre des projets par David E. McAdams

Droit d'auteur 2015 peuvent être copiés pour un usage éducatif accessoire, non-commercial. Voir notice de copyright pour plus d'informations.

Tétraèdre régulier

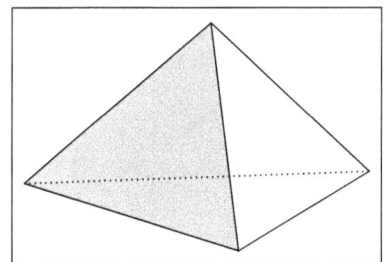

1. Découpez le long des lignes pleines.
2. Pliez sur les lignes en pointillés.
3. Utilisez de ruban adhésif transparent pour fixer.

Si vous voulez dessiner ou colorier le patron, le faire avant vous tape ensemble. Si vous voulez décorer par collage sur décorations, ruban adhésif ensemble d'abord.

Pour plus d'informations sur les tétraèdres, aller à http://www.allmathwords.org/en/t/tetrahedron.html.

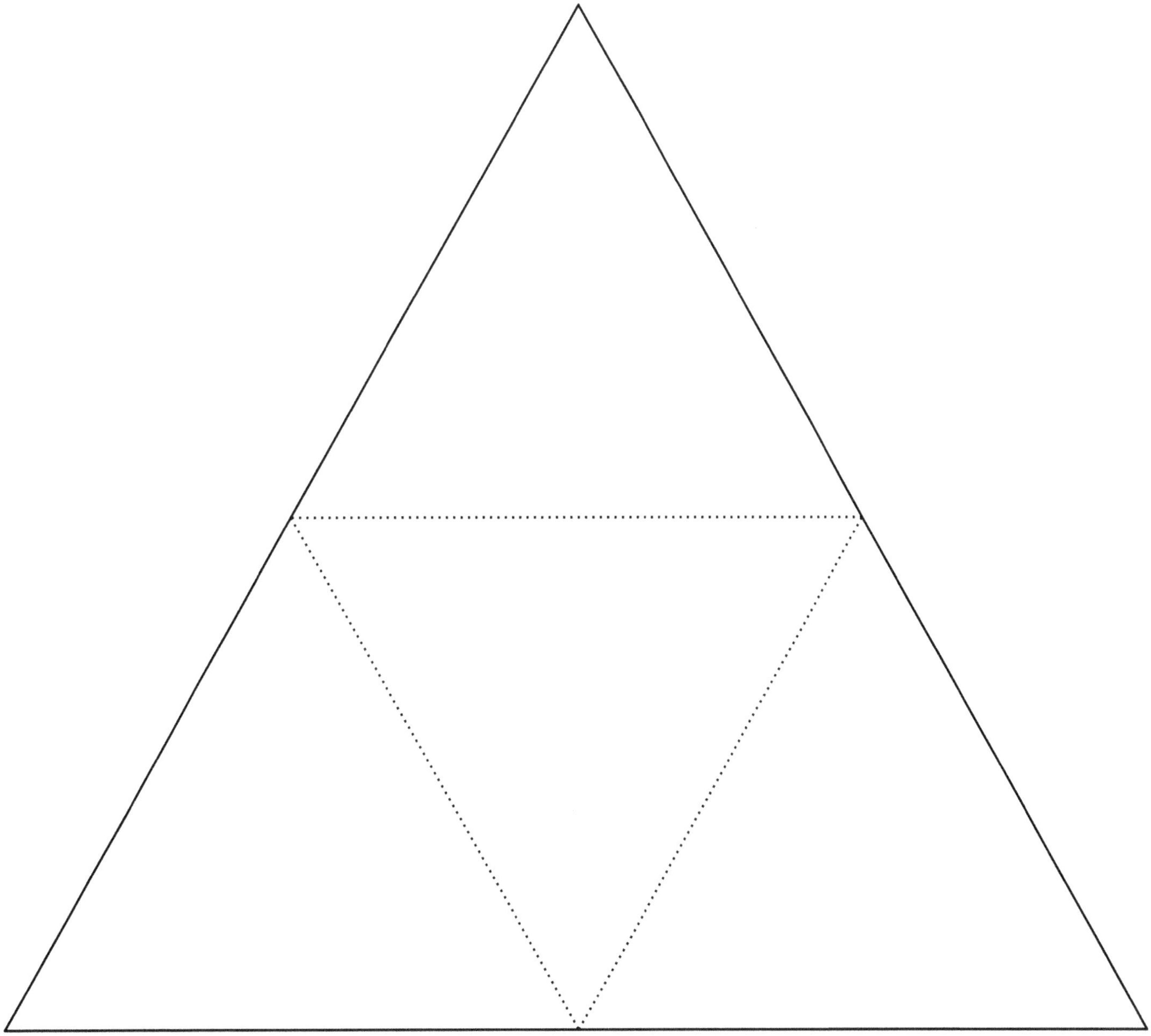

Tétrakihexaèdre

1. Découpez le long des lignes pleines.
2. Pliez sur les lignes en pointillés.
3. Utilisez de ruban adhésif transparent pour fixer.

Si vous voulez dessiner ou colorier le patron, le faire avant vous tape ensemble. Si vous voulez décorer par collage sur décorations, ruban adhésif ensemble d'abord.

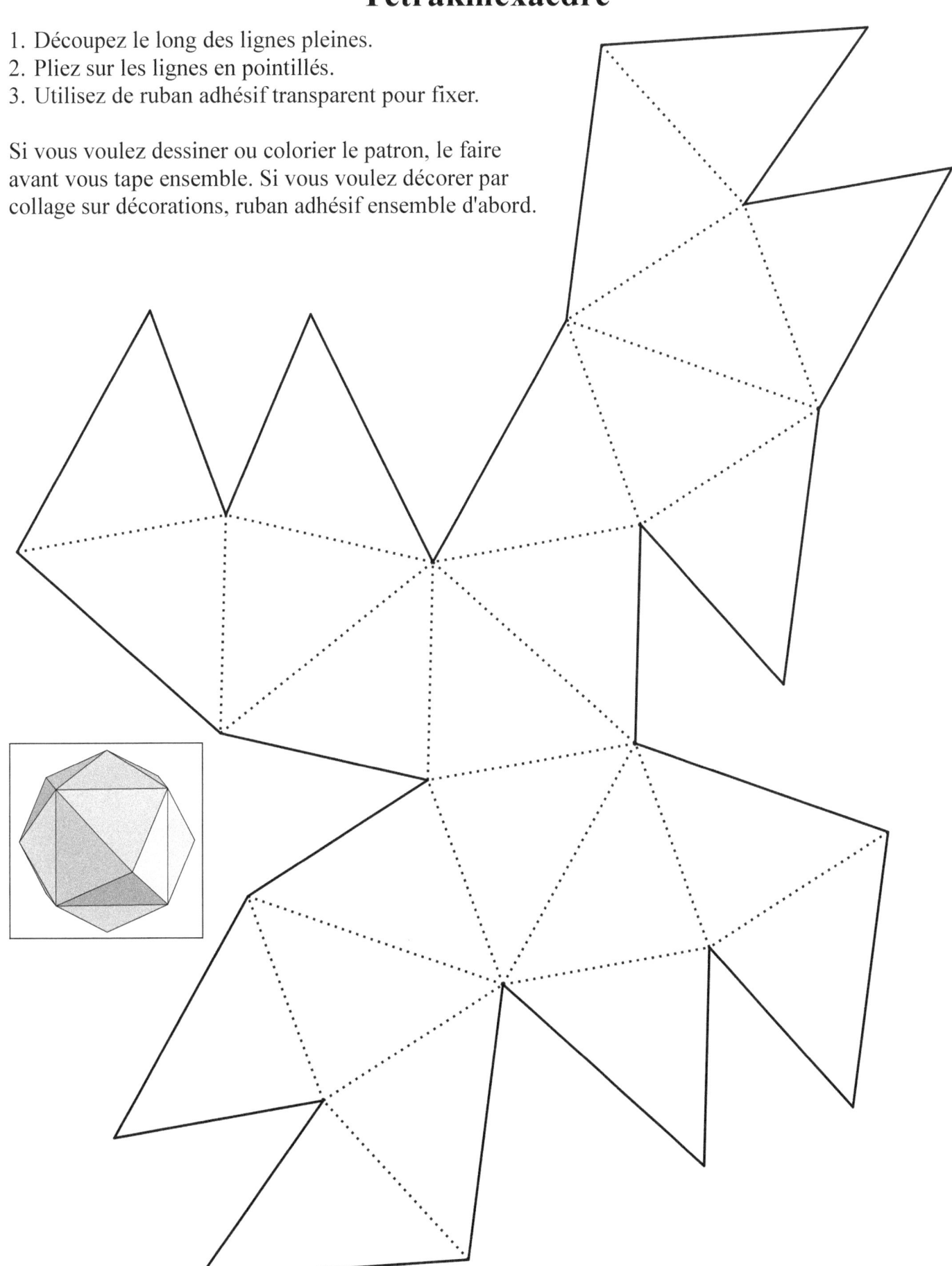

Triakioctaèdre

1. Découpez le long des lignes pleines.
2. Pliez sur les lignes en pointillés.
3. Utilisez de ruban adhésif transparent pour fixer.

Si vous voulez dessiner ou colorier le patron, le faire avant vous tape ensemble. Si vous voulez décorer par collage sur décorations, ruban adhésif ensemble d'abord.

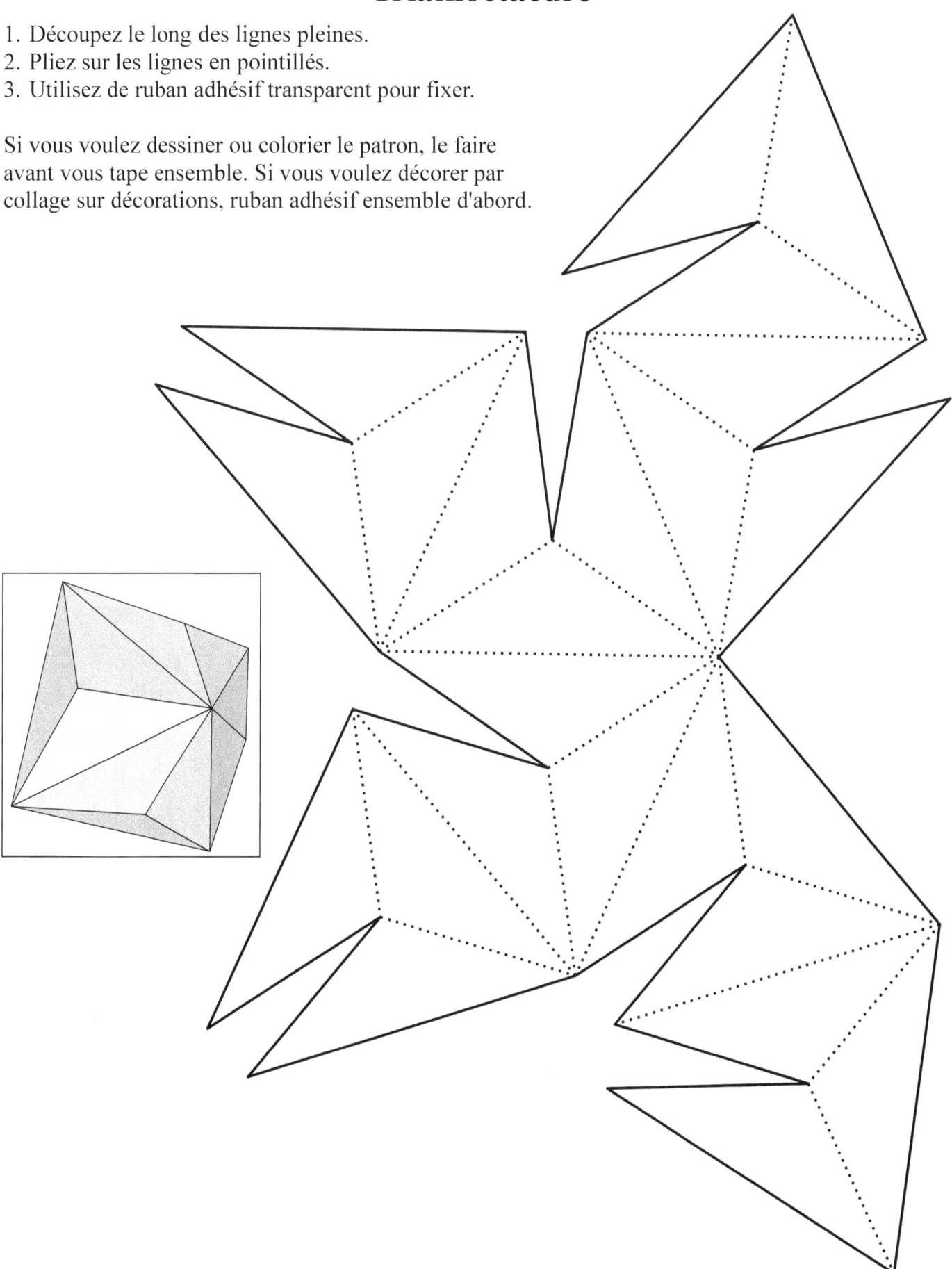

Triakitétraèdre

1. Découpez le long des lignes pleines.
2. Pliez sur les lignes en pointillés.
3. Utilisez de ruban adhésif transparent pour fixer.

Si vous voulez dessiner ou colorier le patron, le faire avant vous tape ensemble. Si vous voulez décorer par collage sur décorations, ruban adhésif ensemble d'abord.

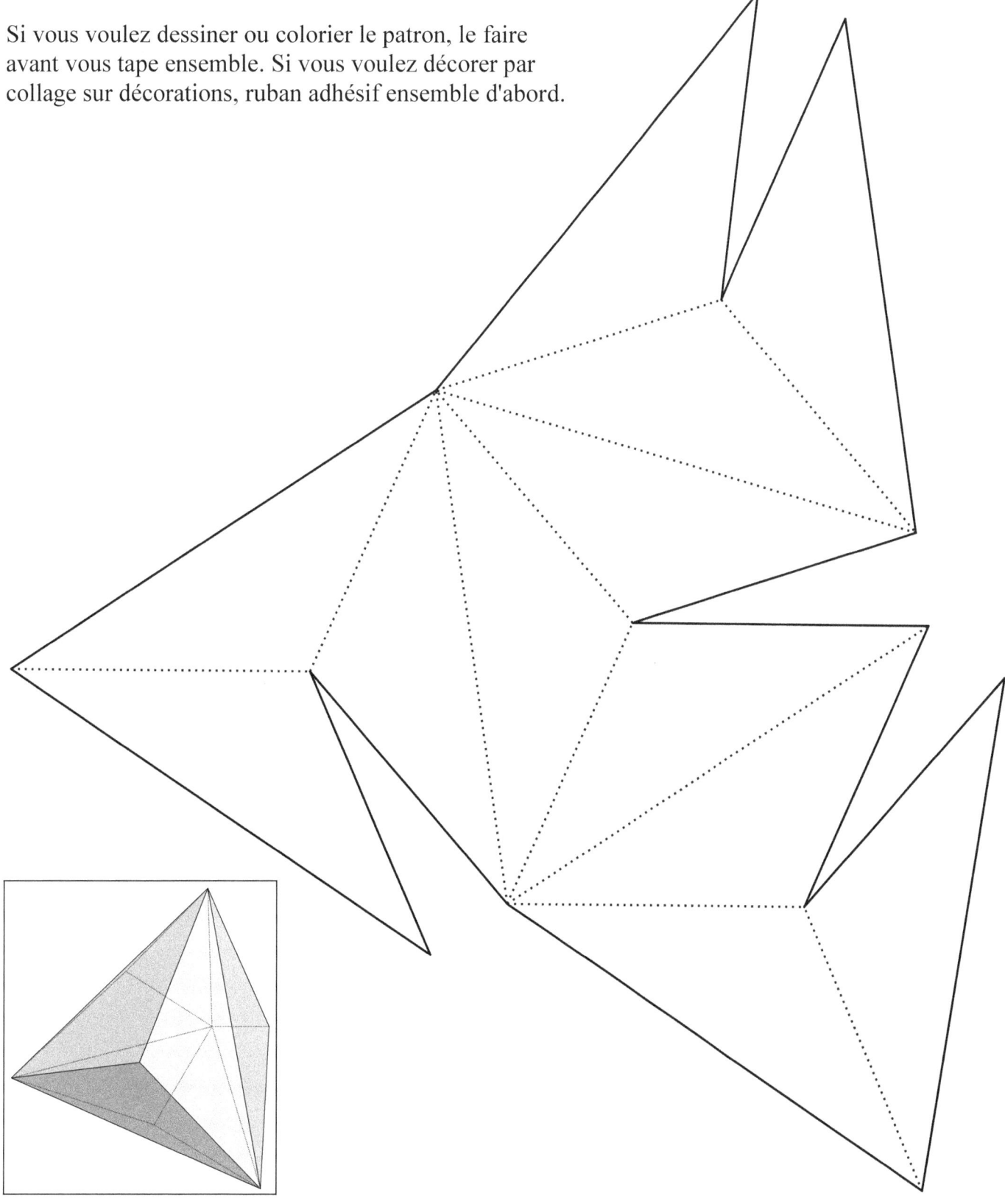

Patrons géométriques - Livre des projets par David E. McAdams

Coupole hexagonale

1. Découpez le long des lignes pleines.
2. Pliez sur les lignes en pointillés.
3. Utilisez de ruban adhésif transparent pour fixer.

Si vous voulez dessiner ou colorier le patron, le faire avant vous tape ensemble. Si vous voulez décorer par collage sur décorations, ruban adhésif ensemble d'abord.

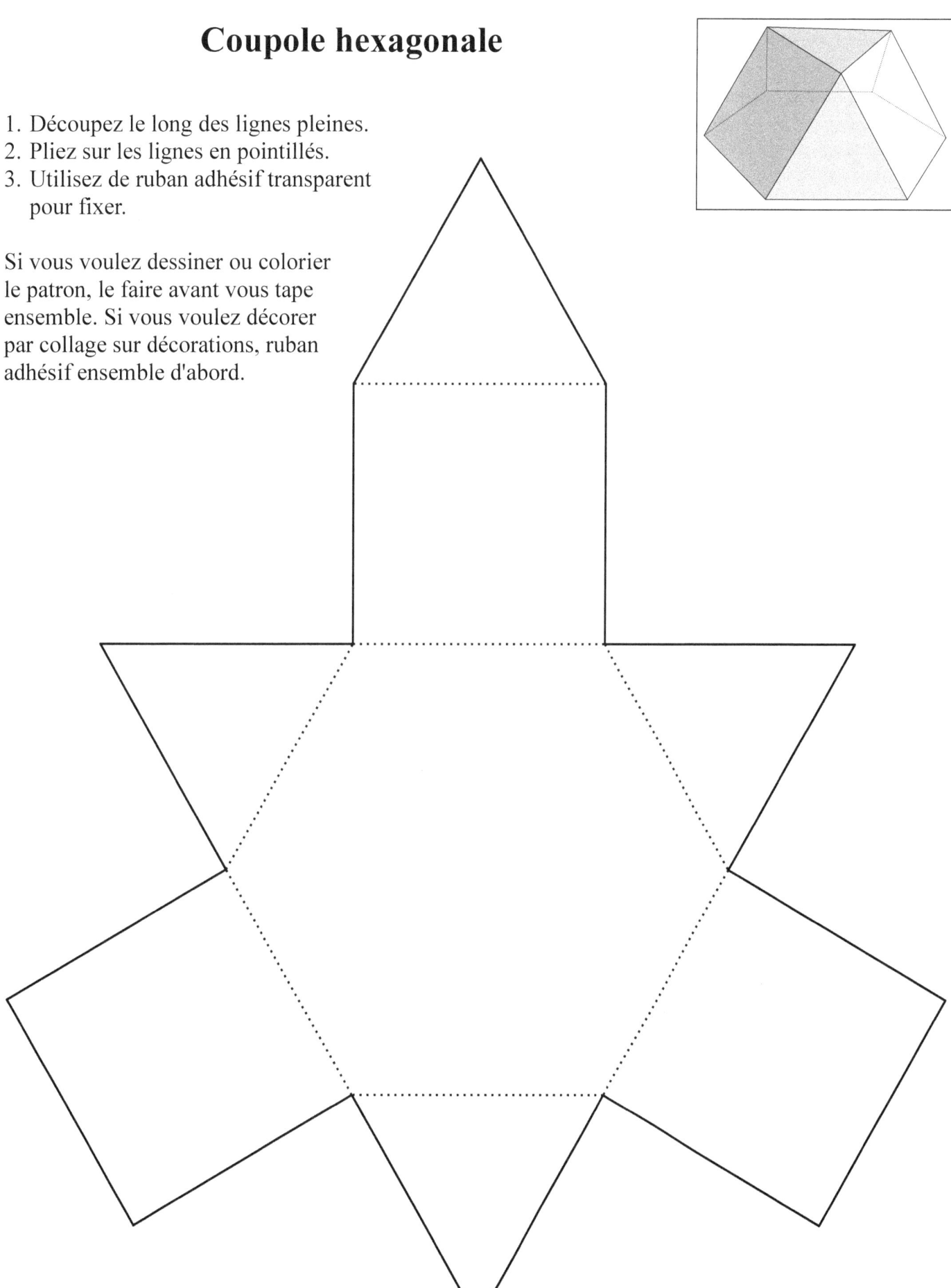

Patrons géométriques - Livre des projets par David E. McAdams

Diamant triangulaire

1. Découpez le long des lignes pleines.
2. Pliez sur les lignes en pointillés.
3. Utilisez de ruban adhésif transparent pour fixer.

Si vous voulez dessiner ou colorier le patron, le faire avant vous tape ensemble. Si vous voulez décorer par collage sur décorations, ruban adhésif ensemble d'abord.

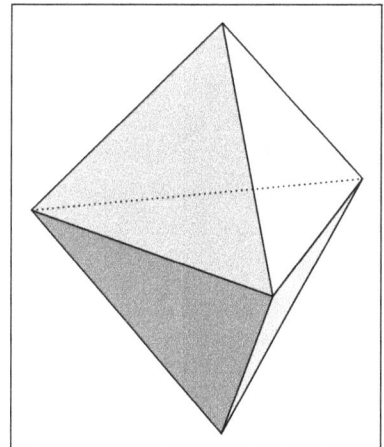

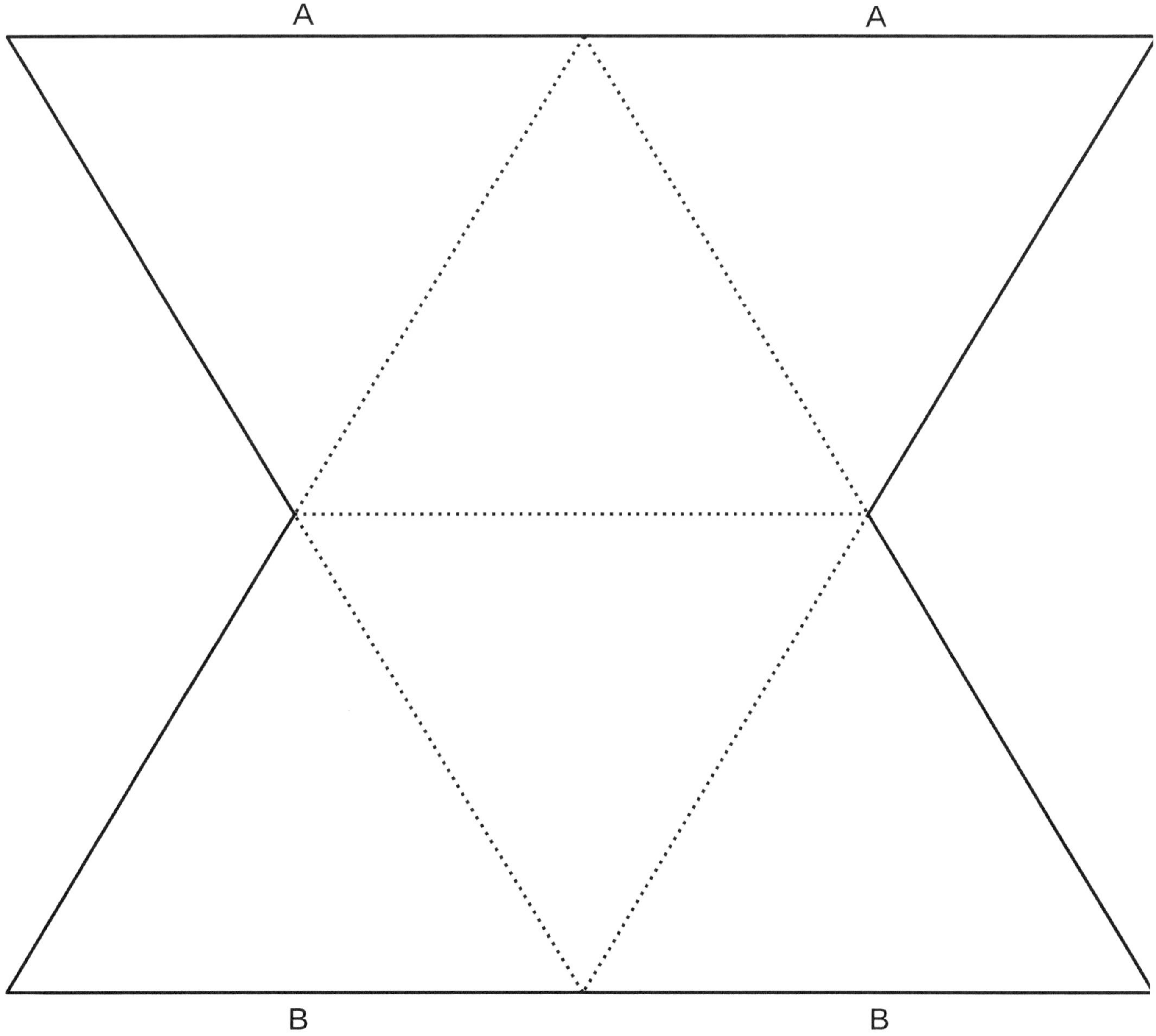

A   A

B   B

Patrons géométriques - Livre des projets par David E. McAdams

Pentaèdre triangulaire

1. Découpez le long des lignes pleines.
2. Pliez sur les lignes en pointillés.
3. Utilisez de ruban adhésif transparent pour fixer.

Si vous voulez dessiner ou colorier le patron, le faire avant vous tape ensemble. Si vous voulez décorer par collage sur décorations, ruban adhésif ensemble d'abord.

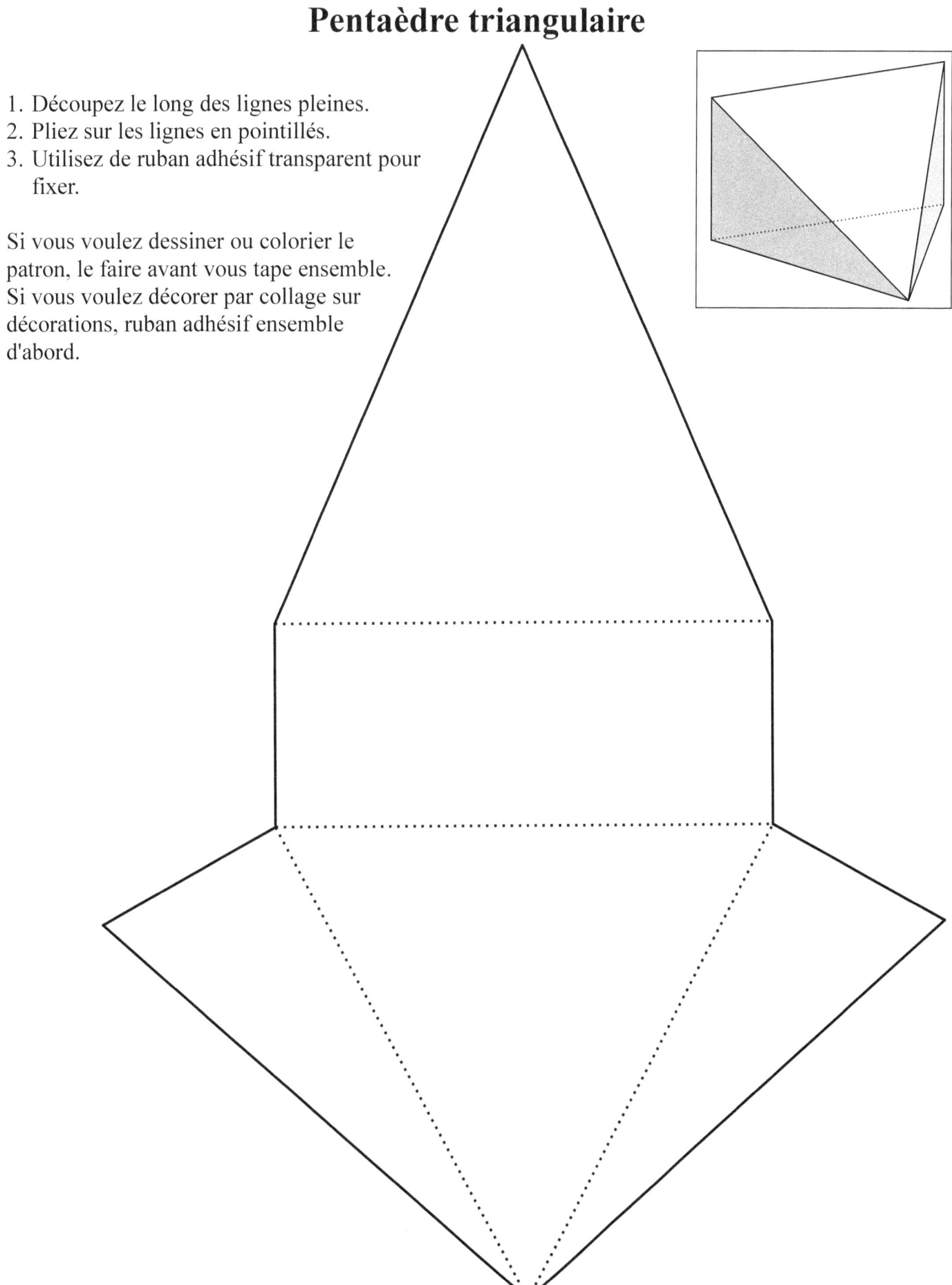

Prisme triangulaire

1. Découpez le long des lignes pleines.
2. Pliez sur les lignes en pointillés.
3. Utilisez de ruban adhésif transparent pour fixer.

Si vous voulez dessiner ou colorier le patron, le faire avant vous tape ensemble. Si vous voulez décorer par collage sur décorations, ruban adhésif ensemble d'abord.

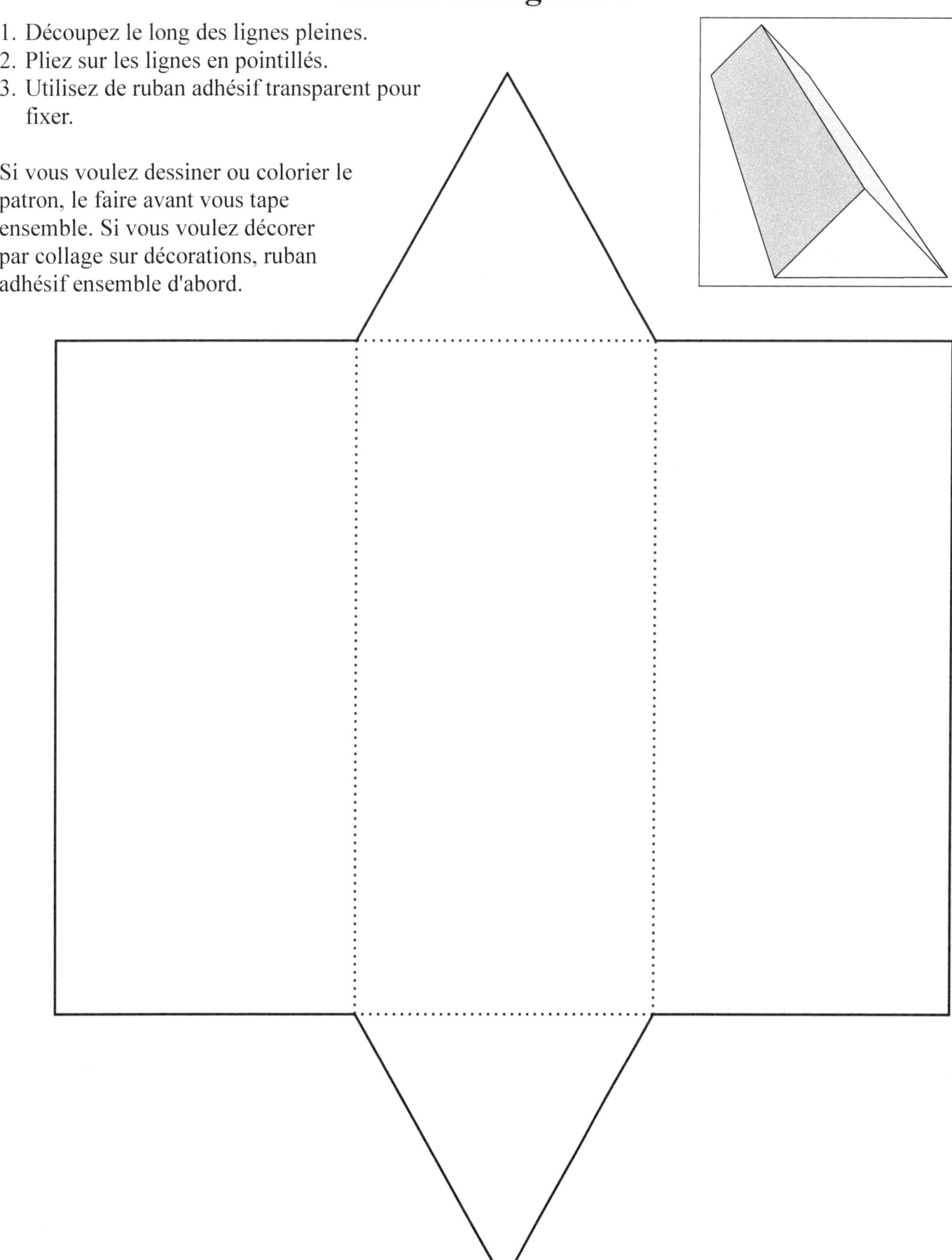

Pyramide triangulaire oblique

1. Découpez le long des lignes pleines.
2. Pliez sur les lignes en pointillés.
3. Utilisez de ruban adhésif transparent pour fixer.

Si vous voulez dessiner ou colorier le patron, le faire avant vous tape ensemble. Si vous voulez décorer par collage sur décorations, ruban adhésif ensemble d'abord.

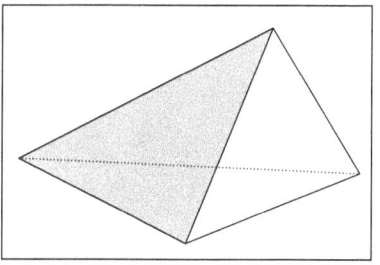

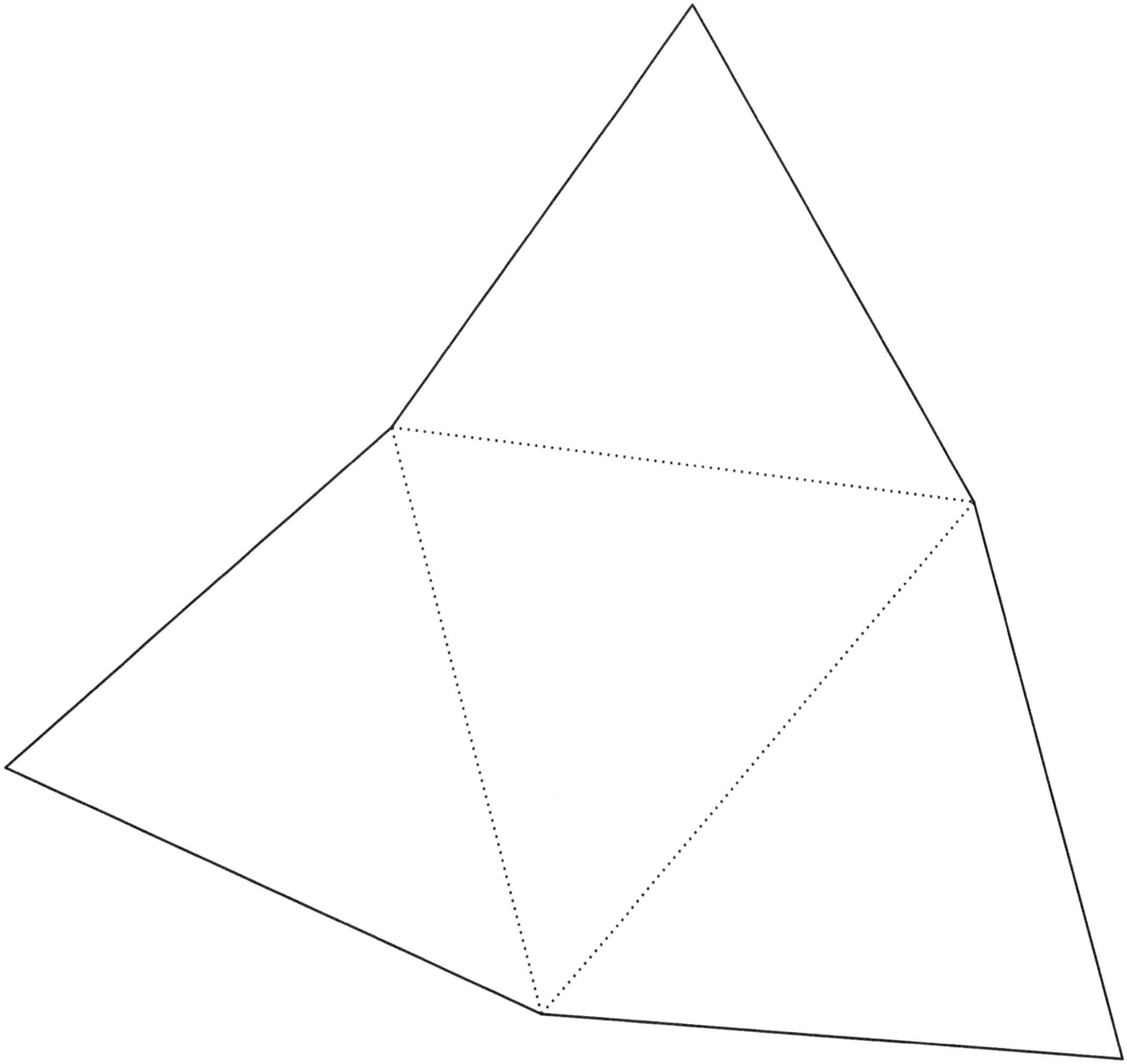

Cube tronqué

1. Découpez le long des lignes pleines.
2. Pliez sur les lignes en pointillés.
3. Utilisez de ruban adhésif transparent pour fixer.

Si vous voulez dessiner ou colorier le patron, le faire avant vous tape ensemble. Si vous voulez décorer par collage sur décorations, ruban adhésif ensemble d'abord.

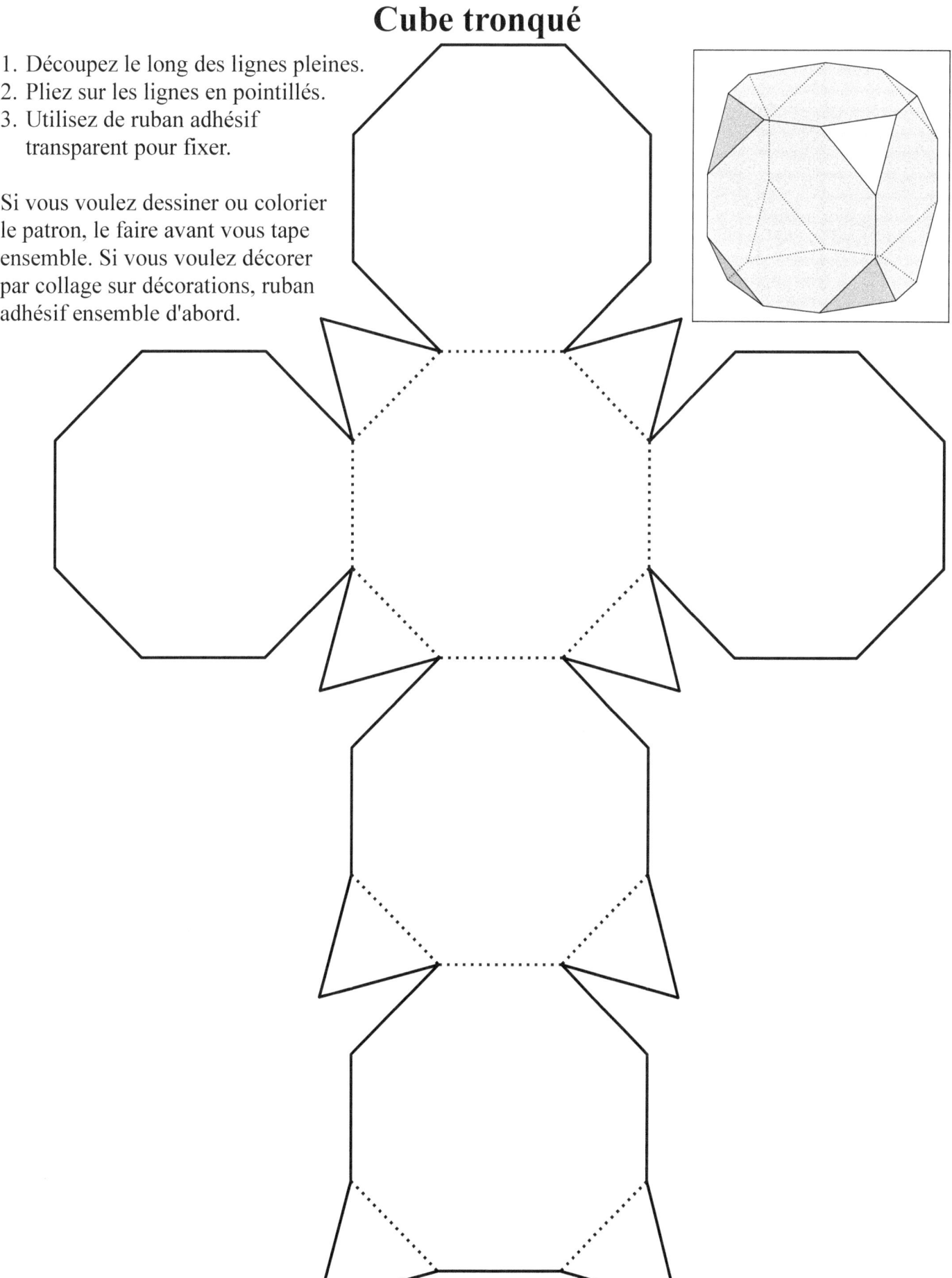

Patrons géométriques - Livre des projets par David E. McAdams

Cuboctaèdre tronqué

1. Ce patron est imprimé géométrique en deux parties. Faire une copie de cette page, et une copie de la prochaine.
2. Découpez le long des lignes pleines.
3. Pliez sur les lignes en pointillés.
4. Utilisez de ruban adhésif transparent pour fixer.

Si vous voulez dessiner ou colorier le patron, le faire avant vous tape ensemble. Si vous voulez décorer par collage sur décorations, ruban adhésif ensemble d'abord.

Patrons géométriques - Livre des projets par David E. McAdams

Droit d'auteur 2015 peuvent être copiés pour un usage éducatif accessoire, non-commercial. Voir notice de copyright pour plus d'informations.

Dodécaèdre tronqué

1. Découpez le long des lignes pleines.
2. Pliez sur les lignes en pointillés.
3. Utilisez de ruban adhésif transparent pour fixer.

Si vous voulez dessiner ou colorier le patron, le faire avant vous tape ensemble. Si vous voulez décorer par collage sur décorations, ruban adhésif ensemble d'abord.

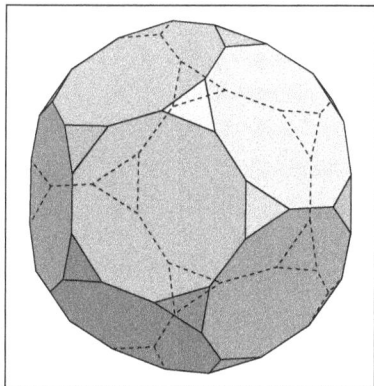

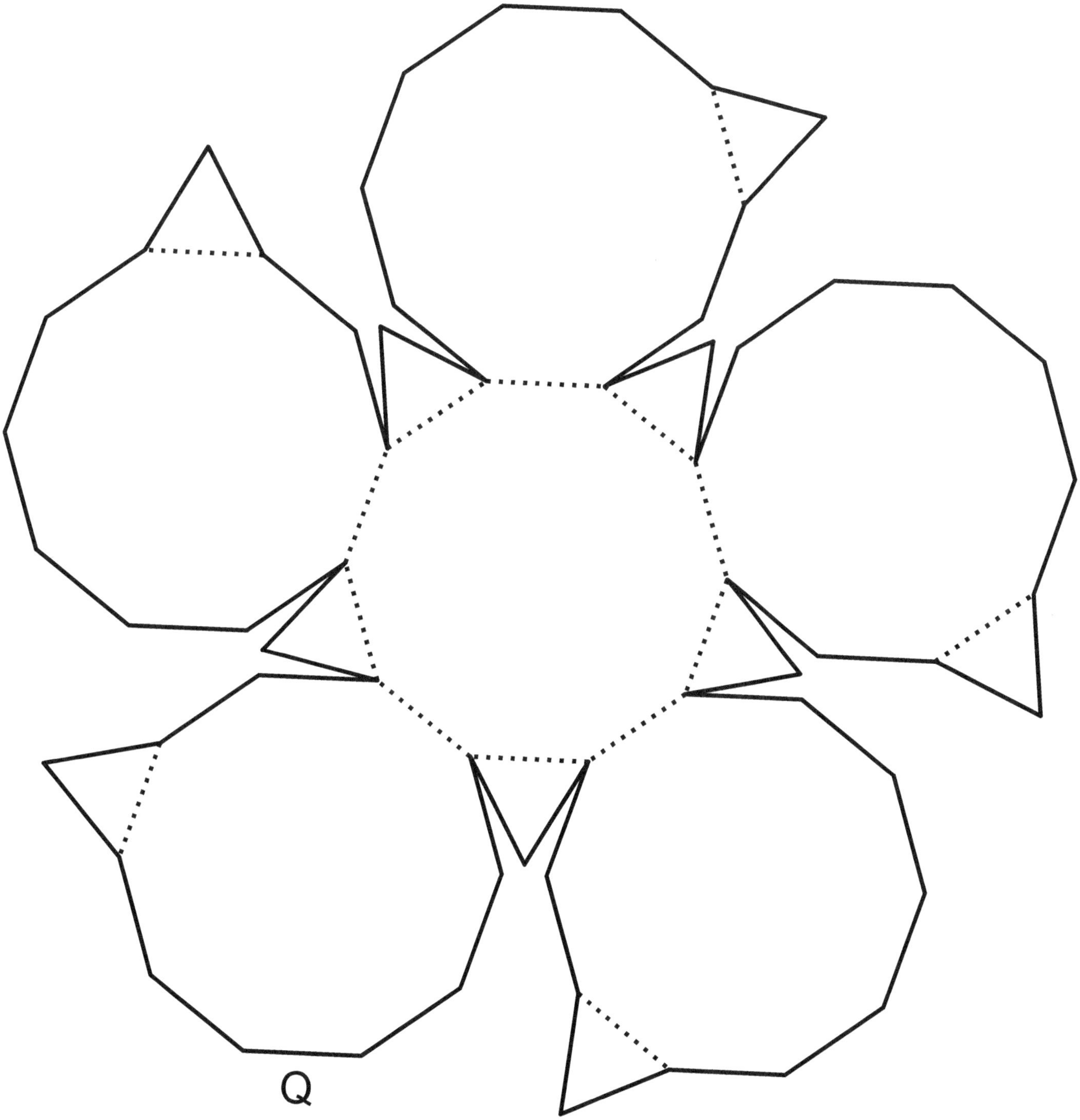

Q

Patrons géométriques - Livre des projets par David E. McAdams

Droit d'auteur 2015 peuvent être copiés pour un usage éducatif accessoire, non-commercial. Voir notice de copyright pour plus d'informations.

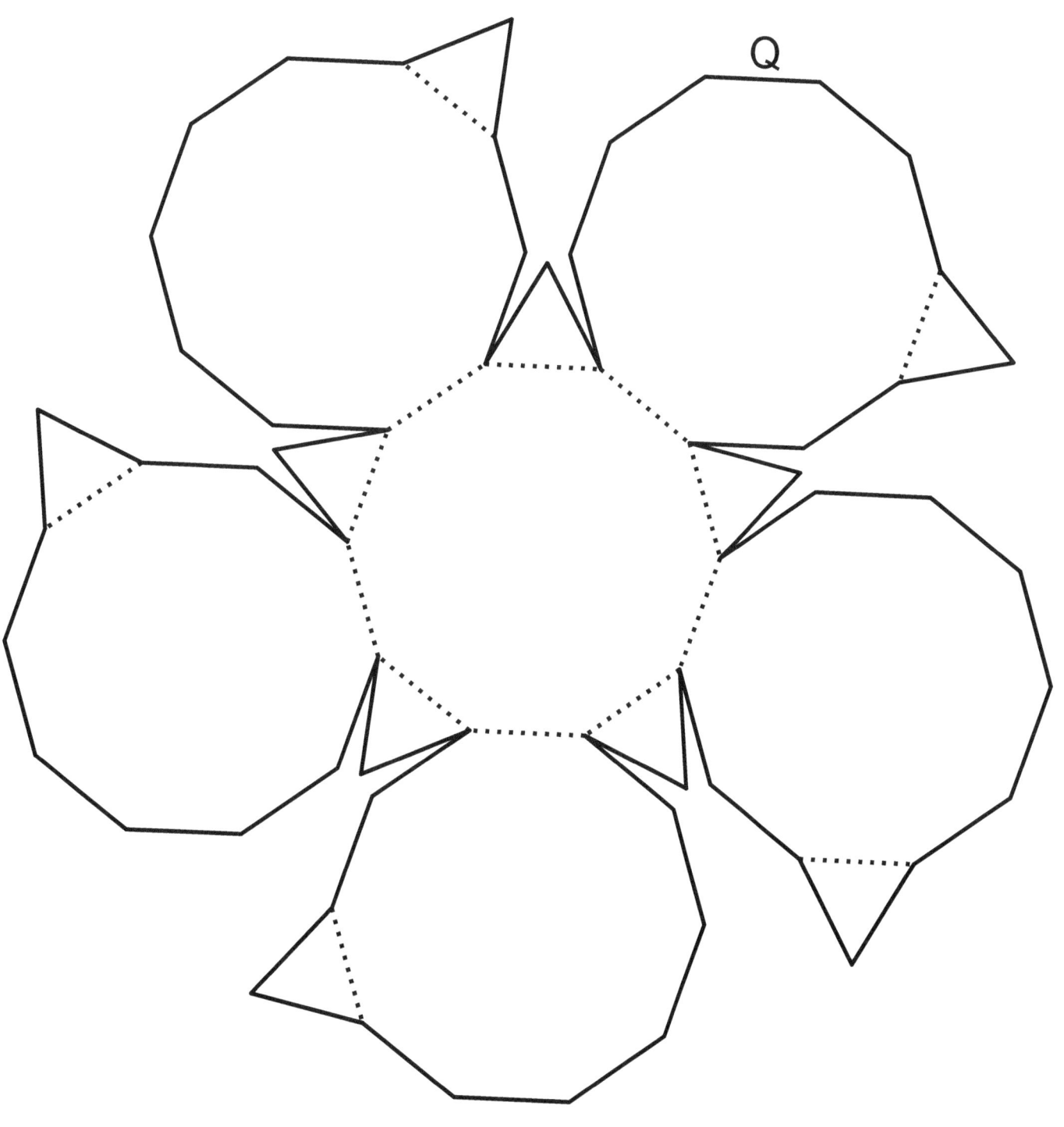

Icosaèdre tronqué

1. Découpez le long des lignes pleines.
2. Pliez sur les lignes en pointillés.
3. Utilisez de ruban adhésif transparent pour fixer.

Si vous voulez dessiner ou colorier le patron, le faire avant vous tape ensemble. Si vous voulez décorer par collage sur décorations, ruban adhésif ensemble d'abord.

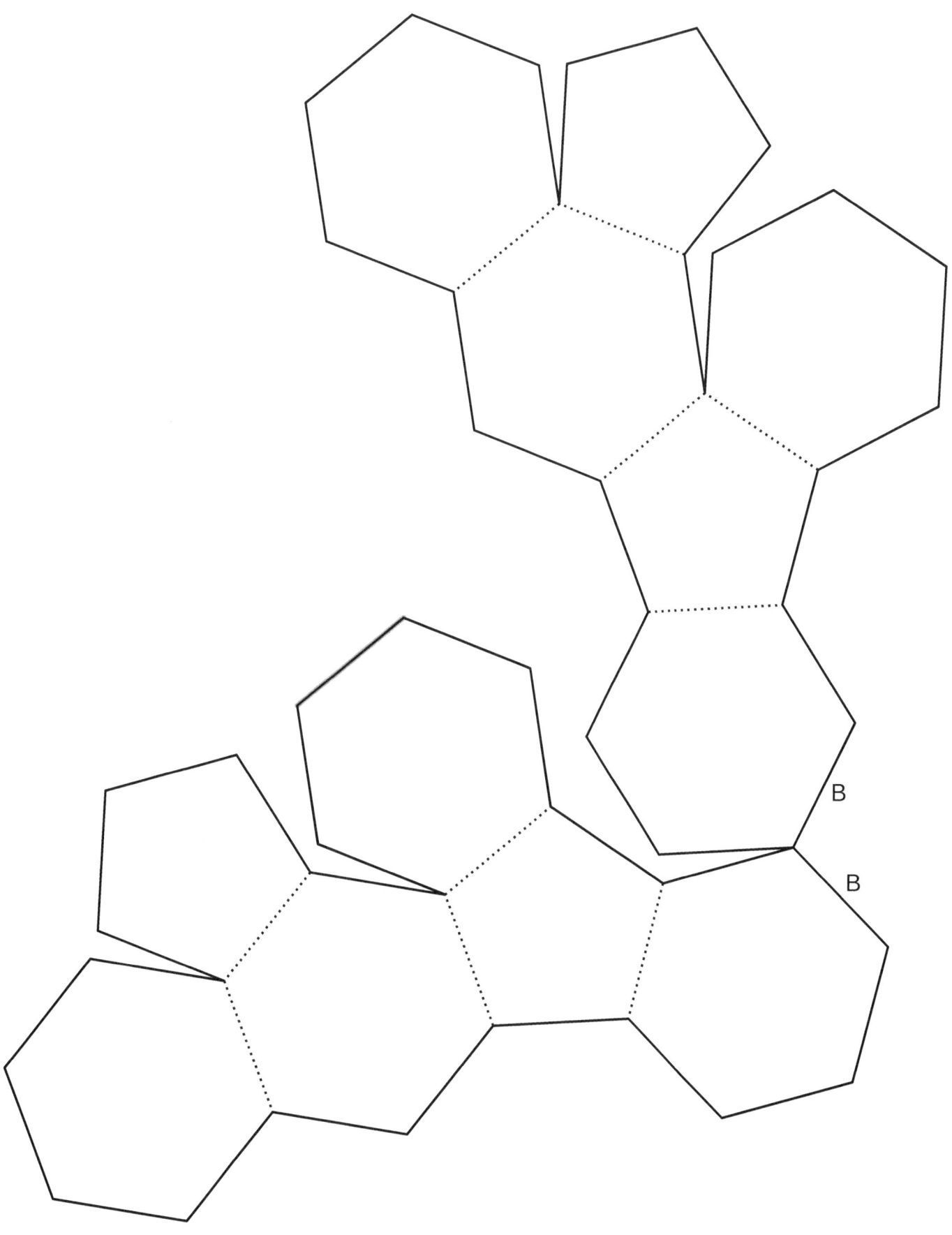

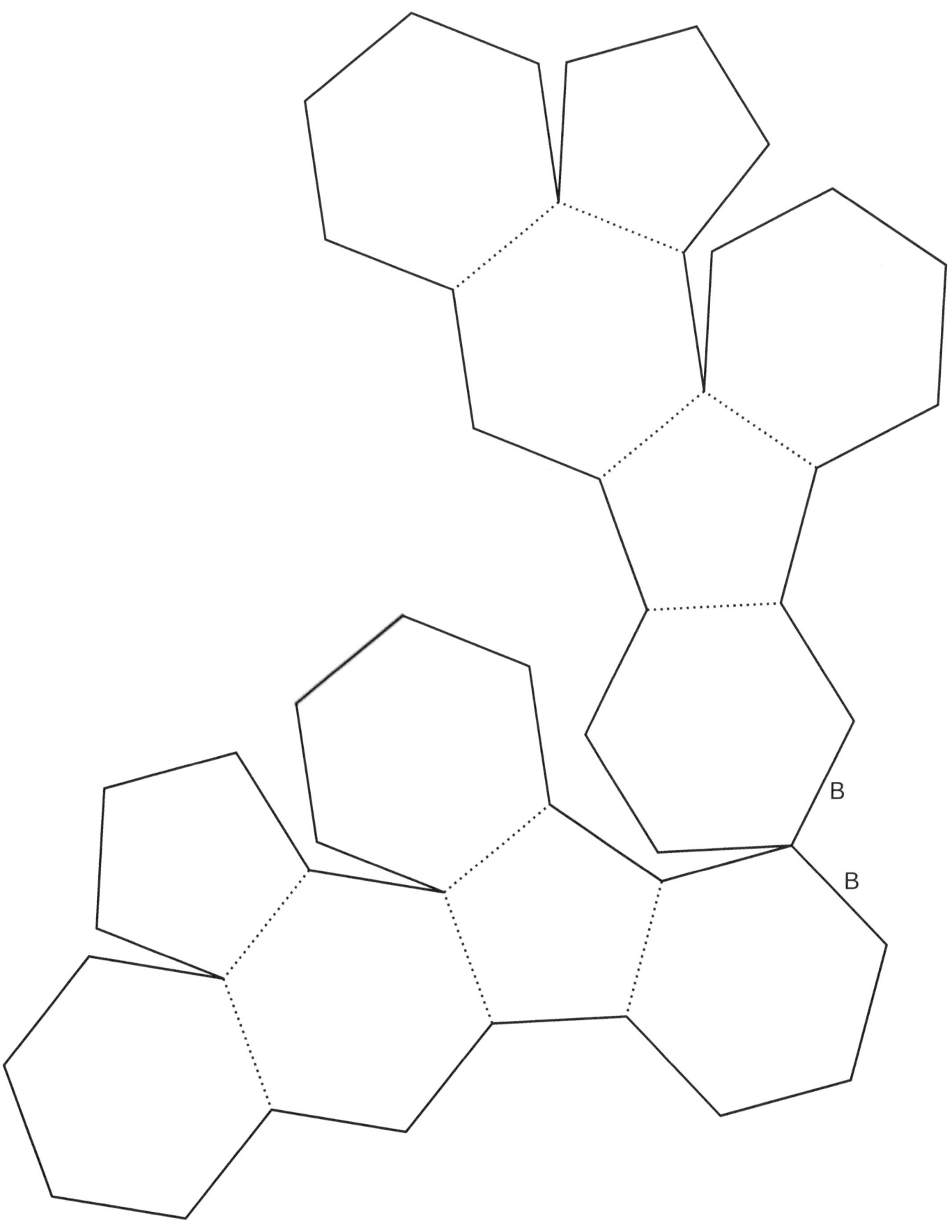

Icosidodécaèdre tronqué

Le icosidodécaèdre tronquée complète est imprimé sur trois pages. Copiez les trois pages, découper les formes, et collez les cinq parties ensemble à l'onglet A. Puis le mettre ensemble comme normale

1. Découpez le long des lignes pleines.
2. Pliez sur les lignes en pointillés.
3. Utilisez de ruban adhésif transparent pour fixer.

Si vous voulez dessiner ou colorier le patron, le faire avant vous tape ensemble. Si vous voulez décorer par collage sur décorations, ruban adhésif ensemble d'abord.

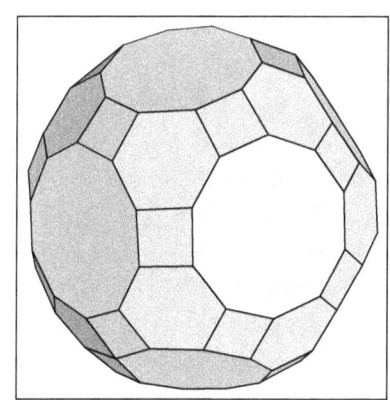

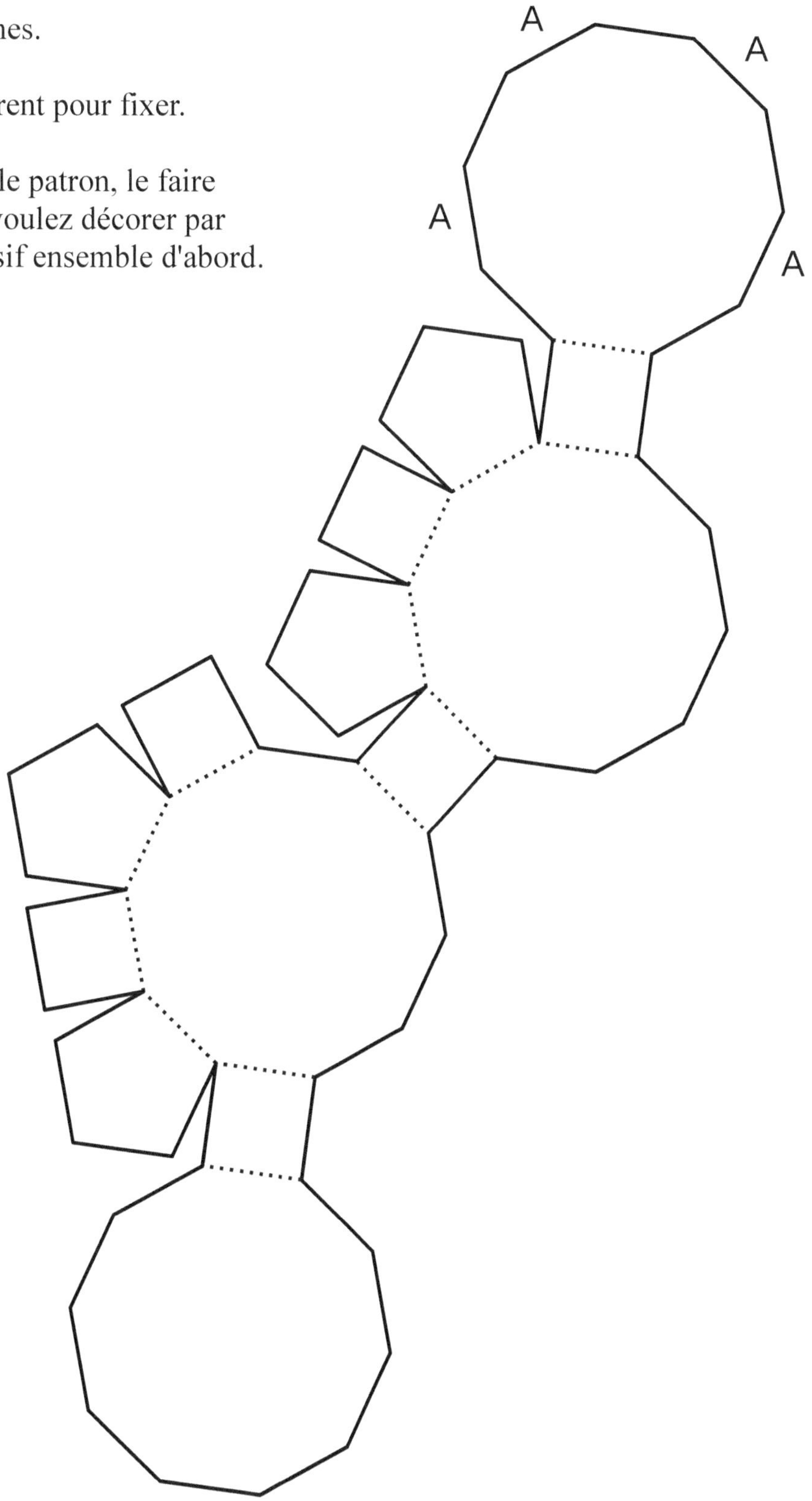

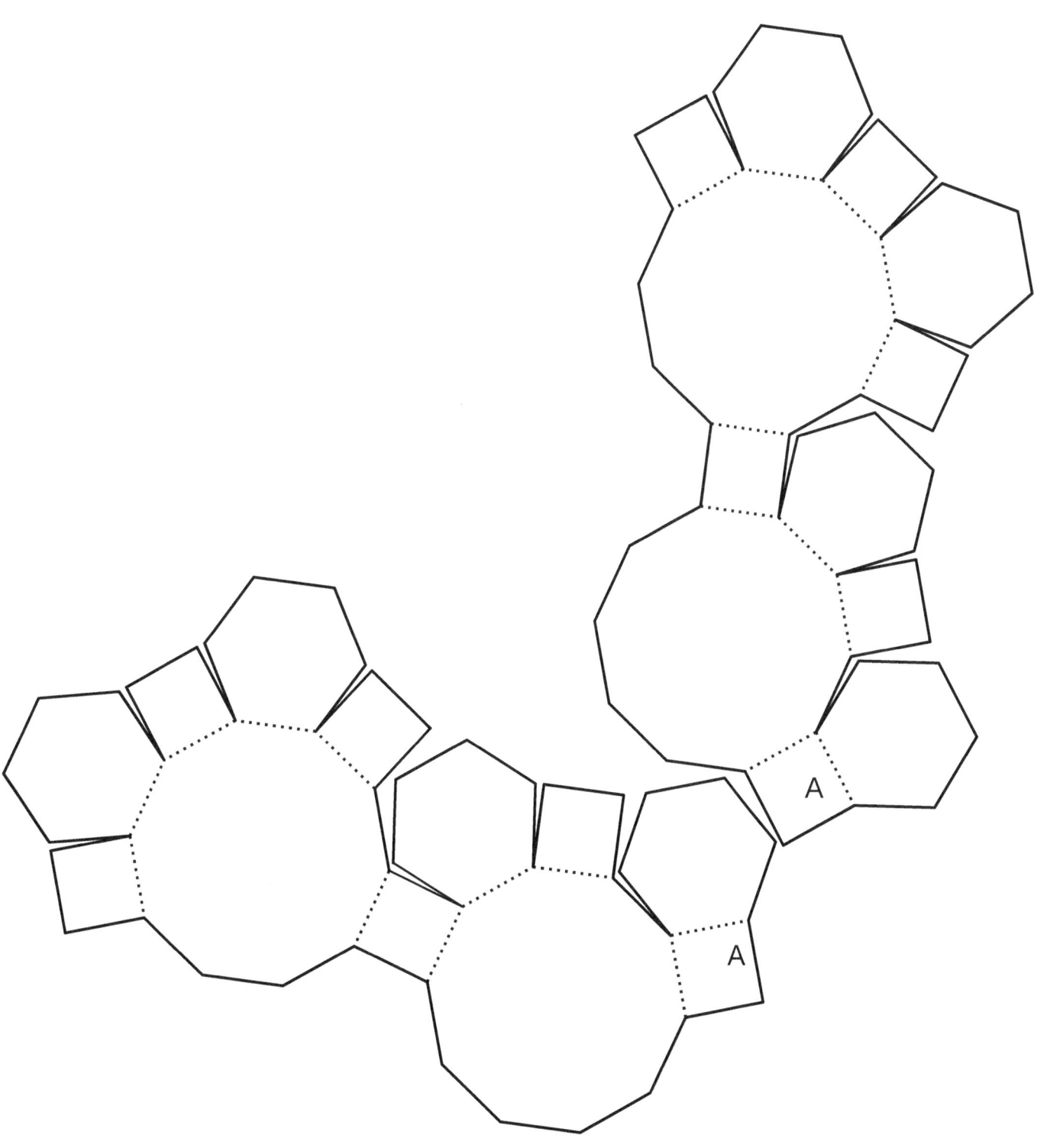

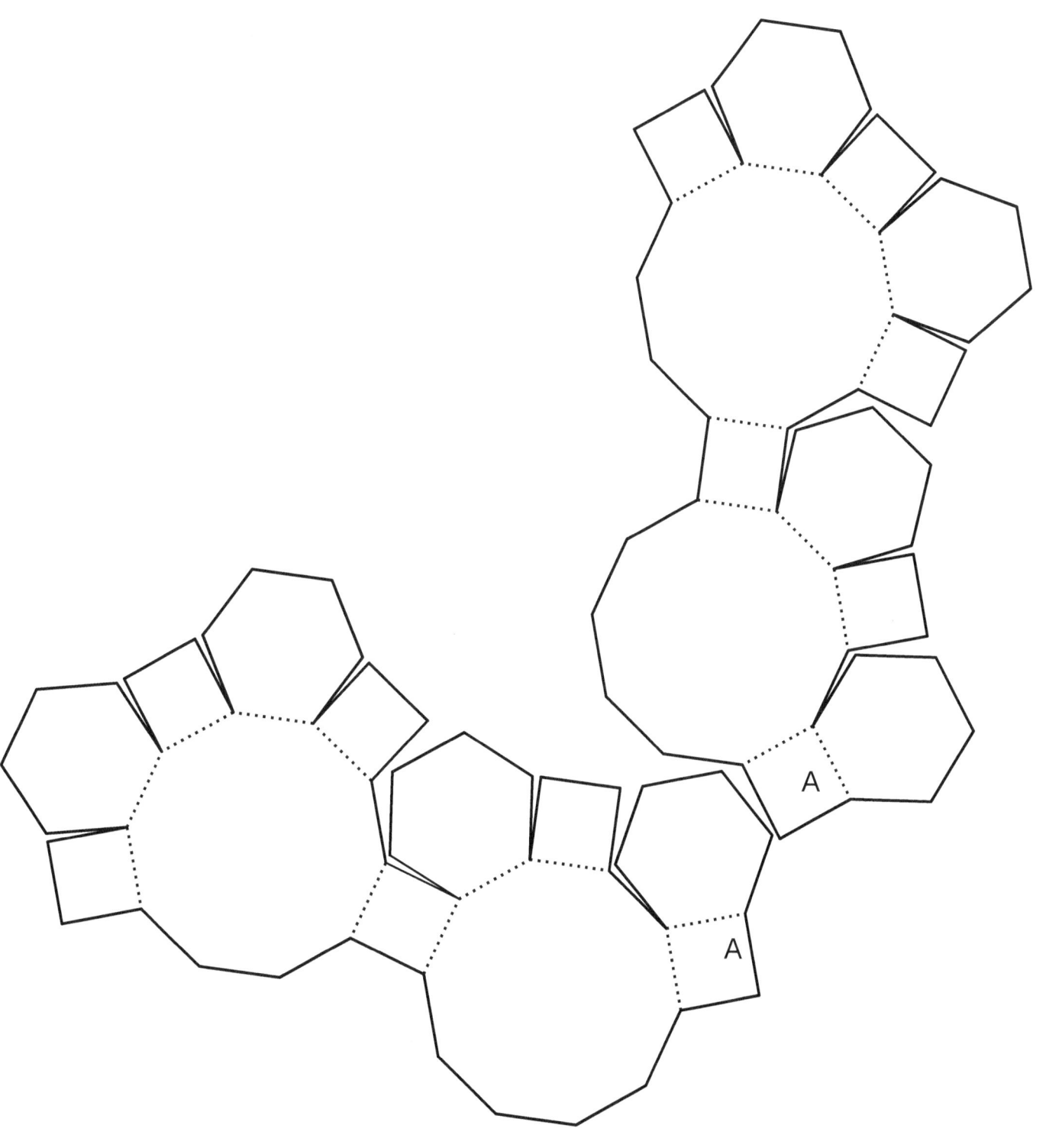

Octaèdre tronqué

1. Découpez le long des lignes pleines.
2. Pliez sur les lignes en pointillés.
3. Utilisez de ruban adhésif transparent pour fixer.

Si vous voulez dessiner ou colorier le patron, le faire avant vous tape ensemble. Si vous voulez décorer par collage sur décorations, ruban adhésif ensemble d'abord.

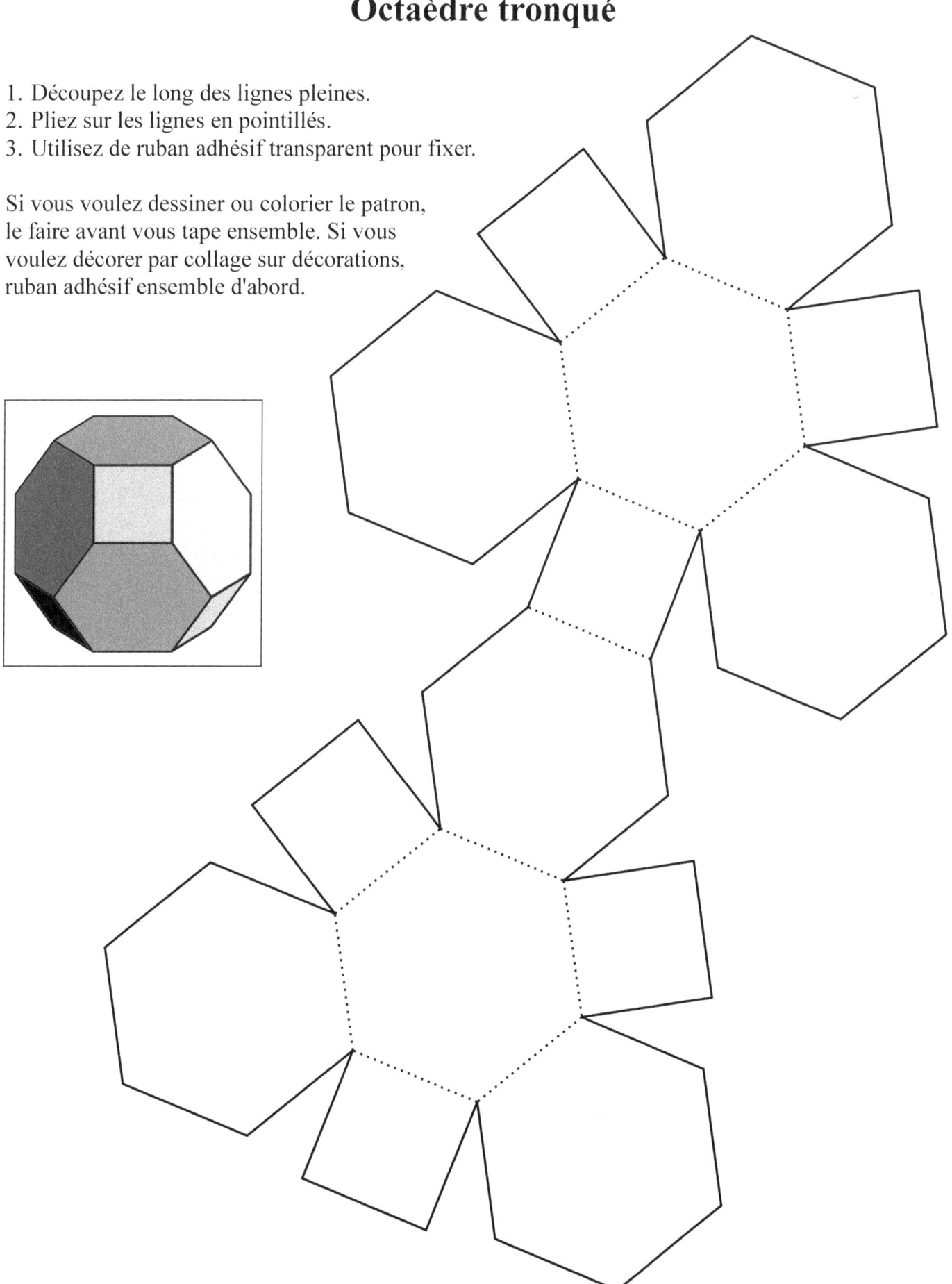

Tétraèdre tronqué

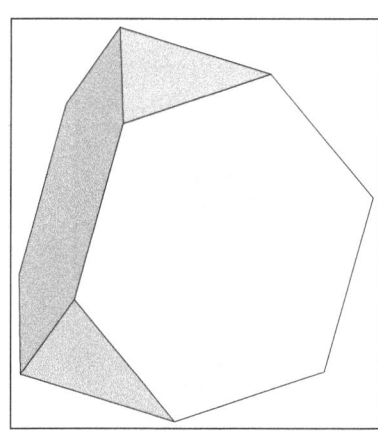

1. Découpez le long des lignes pleines.
2. Pliez sur les lignes en pointillés.
3. Utilisez de ruban adhésif transparent pour fixer.

Si vous voulez dessiner ou colorier le patron, le faire avant vous tape ensemble. Si vous voulez décorer par collage sur décorations, ruban adhésif ensemble d'abord.

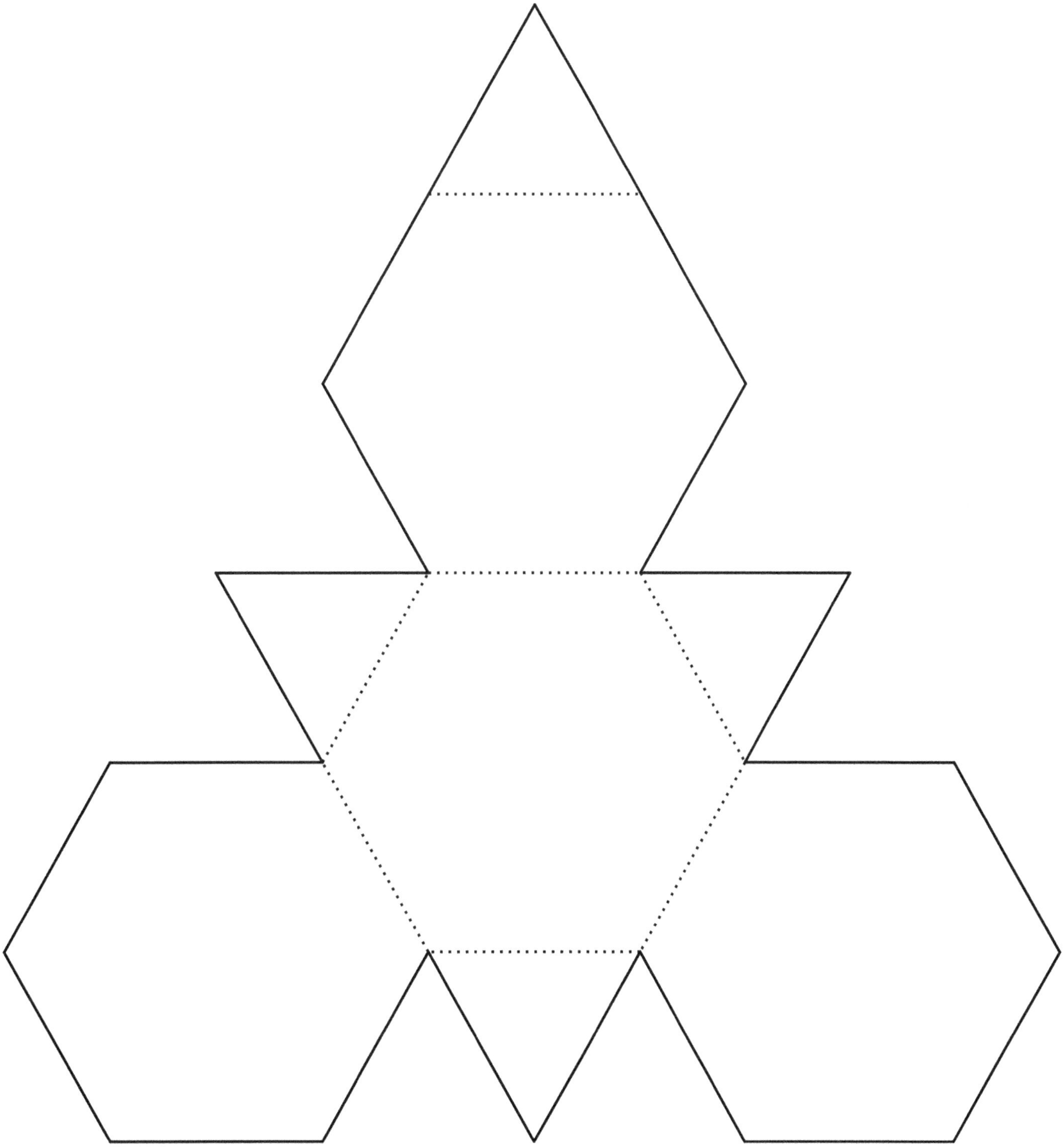

Patrons géométriques - Livre des projets par David E. McAdams

Pyramide pentagrammique droite

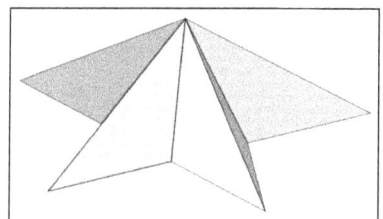

1. Découpez le long des lignes pleines.
2. Pliez vers l'arrière sur les lignes pointillées.
3. S'il vous plaît utiliser du ruban adhésif transparent pour fixer.

Si vous voulez dessiner ou colorier le net, le faire avant vous tape
ensemble. Si vous voulez décorer par collage sur les décorations, ruban adhésif ensemble d'abord.

Trapézoèdre carré tronqué

1. Découpez le long des lignes pleines.
2. Pliez sur les lignes en pointillés.
3. Utilisez de ruban adhésif transparent pour fixer.

Si vous voulez dessiner ou colorier le patron, le faire avant vous tape ensemble. Si vous voulez décorer par collage sur décorations, ruban adhésif ensemble d'abord.

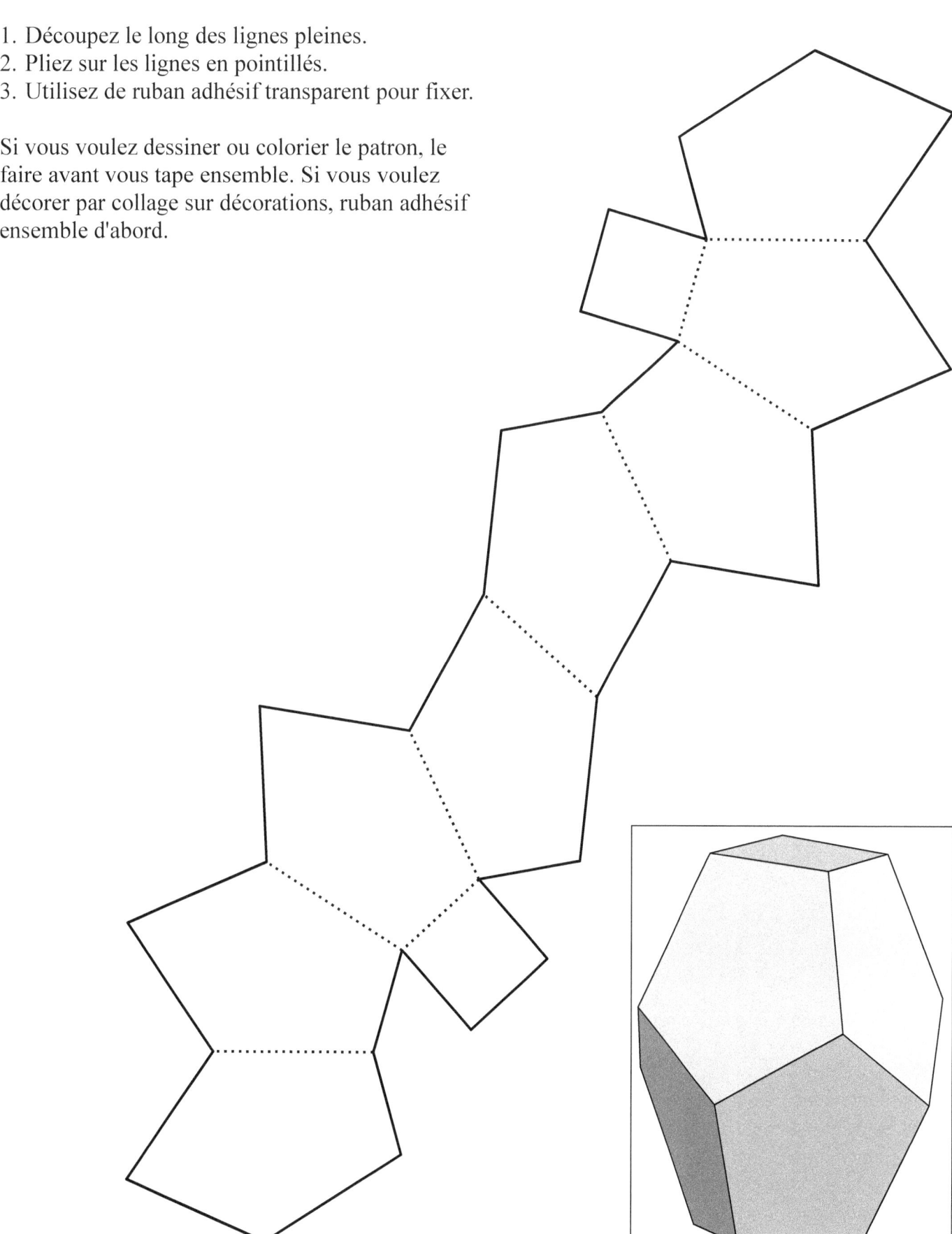

www.ingramcontent.com/pod-product-compliance
Lightning Source LLC
LaVergne TN
LVHW081533060526
838200LV00048B/2076